Martin Lindauer

Auf den Spuren des Uneigennützigen

*Nutzen und Risiko des
Zusammenlebens in der Natur*

Artemis & Winkler

Die Deutsche Bibliothek – Cip-Einheitsaufnahme

Lindauer, Martin: Auf den Spuren des Uneigennützigen : Nutzen und
Risiko des Zusammenlebens in der Natur / Martin Lindauer. - München ;
Zürich : Artemis und Winkler, 1991   ISBN 3-7608-1930-3

Inhalt

Einführung

Das Zusammenleben der Tiere unterscheidet sich kaum von dem in der menschlichen Gesellschaft. Auch Tiere leben in einer sozialen Umwelt, die sie an feste Regeln im Zusammenleben mit den Artgenossen bindet. Diese Regeln fordern zum einen Verzicht auf vieles, was für den einzelnen vorteilhaft und angenehm wäre, zum andern Kooperation, gemeinsames Handeln.

Eine Fülle von spezifischen Verhaltensprogrammen – auf die Geschlechtspartner, die eigenen Nachkommen, die Artgenossen in einer sozialen Gemeinschaft abgestimmt – sind gesetzmäßig im Erbgut niedergelegt; diese haben sich seit vielen Millionen Jahren im Zusammenleben jeder Art bewährt.

Von den genetisch fixierten Regeln des Zusammenlebens im Tierreich muß man allerdings jene Normen abheben, die sich die menschliche Gesellschaft für ein sinnvolles, harmonisches Miteinander gesetzt hat. Als vernunftbegabtes Wesen hat sich der Mensch weitgehend von den Fesseln eines rein instinktiv, d. h. genetisch festgelegten Verhaltens gelöst. Was das Zusammenleben betrifft, so ist er dabei keineswegs zum Einzelgänger oder Eigenbrötler geworden, der sich nach höchst persönlichen Gelüsten »auslebt«; in klu-

9

ger Einsicht, auf wissenschaftlichen Erkenntnissen und kulturellen Errungenschaften aufbauend, hat er sich von Generation zu Generation gewisse Regeln des Umgangs angeeignet, die oft von Land zu Land voneinander differieren.

Im Gegensatz zum instinktgebundenen tierischen Sozialverhalten sind die Normen, die sich die menschliche Gesellschaft selbst gesetzt hat, mit hohem Risiko behaftet. Es gibt drei wesentliche Gründe für die Schwierigkeiten, die das Zusammenleben in unserer Gemeinschaft mit sich bringt, ganz gleich, ob es sich um den Familienverband, eine Sippe, einen Volksstamm oder das Zusammenleben ganzer Völker auf unserem Erdball handelt:

1. Das Sozialverhalten der Tiere war in vielen Jahrmillionen der Selektion, d. h. der Auslese des Untauglichen ausgesetzt; erst nach vielseitiger Bewährungsprobe wurde es dem Erbgut als Verhaltensprogramm einverleibt. Das menschliche Zusammenleben ist demgegenüber noch sehr jung – ca. zwei Millionen Jahre. Durch allerlei Auseinandersetzungen, angefangen vom Familienzwist, vom Grenzstreit unter den Gemeinden bis hin zum Völkerkrieg, hat es immer wieder Krisen erlebt, die bis heute fortbestehen. Mit der drohenden Übervölkerung geht die Menschheit derzeit mit Riesenschritten einer regelrechten Überlebenskrise entgegen – es sei denn, die menschliche Vernunft findet eine Lösung, um diese Bevölkerungsexplosion in Grenzen zu halten.

2. Ein zweites Risiko ist nicht minder ernstzunehmen: Politiker als Gesetzgeber, Richter als Gesetzeshüter, Pädagogen als Erzieher laufen Gefahr – da sie nicht im biologischen Denken geschult sind –, durch künstlich gesetzte Normen das menschliche Verhalten der biologischen Grundlage zu entziehen. Hätte man beispielsweise rechtzeitig den Warnrufen der Biologen gefolgt, dann wären sicher von öffentlicher Hand die Weichen für den Umweltschutz rechtzeitig gestellt worden.

3. Der Gesetzgeber wird mit den von ihm gesetzten Normen stets einen Kompromiß eingehen müssen: Einerseits verfolgt er das Ziel, eine ideale soziale Ordnung zu schaffen; andererseits sollte der persönlichen Handlungsfreiheit ein Mindestmaß eingeräumt werden. Damit bleibt aber jeder Mensch das ganze Leben lang durch asoziale Bestrebungen beeinflußbar, ja sogar manipulierbar.

Von solchen Risiken ist der tierische Sozialverband frei, was jedoch nicht heißt, daß das Zusammenleben völlig problemlos ist. Bedenkt man, daß die Nachkommen eines einzigen Fliegenweibchens, wenn sie in ihrer Generationenfolge optimal mit Nahrung versorgt und unter besten klimatischen Bedingungen gehalten würden, in neun Monaten alle Länder der Erde mit einer zusammenhängenden Schicht bedecken und daß nach einem vollen Jahr nur noch die Spitzen der Kirchtürme aus dem Fliegenmeer herausragen würden, daß in Wirklichkeit aber von jeweils hundert Nachkommen bestenfalls zwei überleben und so das

Gleichgewicht in der Population aufrechterhalten – dann ist dies nur damit zu erklären, daß es im Sozialverband der Tiere Selektionsmechanismen gibt, die den Untauglichen aussondern. Es gibt Rivalität, die nur dem Tüchtigsten Überlebenschancen läßt, es gibt Grenzstreitigkeiten und aggressive Handlungen. Was den menschlichen Zaungast in Staunen versetzt, sind die Regulationen im tierischen Verhalten, die trotz dieser Probleme immer wieder zum harmonischen Miteinander führen.

Sicherlich sind auch für den Menschen biologische Gesetzmäßigkeiten im Zusammenleben anwendbar und nutzbringend. Aber in einem Punkt hebt sich der Mensch deutlich ab vom Verhalten der Tiere – durch echtes selbstloses Verhalten kann er das Miteinander zu einem harmonischen Füreinander gestalten.

Grundstrukturen sozialer Verbände

Uneigennütziges Handeln beginnt mit der Bindung an einen Partner. Diese kann entweder recht locker sein, wie bei einem Schwarm ziehender Vögel, oder sehr eng, aber zeitlich begrenzt, wie bei einem Hummelvolk, das sich im Herbst auflöst (nur die Königinnen überwintern), oder aber auch eine Bindung auf Jahre oder gar für das ganze Leben bedeuten, wie es bei einem Wildentenpaar oder in einer Schimpansensippe der Fall ist. Solche Bindungen geben dem Individuum immer noch die Freiheit, seinen Partner oder seinen Verband selbst zu wählen und sich auch wieder von ihm zu trennen. Es gibt aber auch dauerhafte Bindungen, die *obligatorisch* sind, d. h. bei denen das Individuum für sich allein nicht mehr lebensfähig ist und der Verband auf die Mitgliedschaft seiner Einzeltiere angewiesen ist: Eine Biene oder eine Ameise in Isolation können – auch bei vollen Futtertöpfen – nur kurze Zeit überleben; andererseits sind der Bienenstaat und das Ameisenvolk auf die gegenseitige Bindung ihrer Mitglieder angewiesen.

Kein Zweifel, solche sozialen Bindungen haben sich im Lauf von zwei Jahrmilliarden, seit es Leben auf diesem Erdball gibt, als vorteilhaft, ja als unentbehrlich erwiesen, wie noch dargelegt werden wird. Vorausgeschickt sei aber noch, daß dabei auch allerlei Hürden zu nehmen sind: Man muß z. B. die Nahrung und den Nistplatz teilen. Man muß Konkurrenz in Kauf nehmen: Der Rivale wird einem sein Revier, d. h. den eigenen Lebensraum streitig machen; bei der Werbung um das Weibchen können sich mehrere Männchen gegenseitig ins Gehege kommen. Dabei finden wir in der Tat erste Spuren des Uneigennützigen: Gemeint ist Unterwerfung unter gewisse soziale Anforderungen, wobei das persönliche Handeln mit dem der Partner *koordiniert* werden kann; oder noch mehr: Das eigene Verhalten muß *kooperativ* sein; die Versuchung, den anderen zu seinem eigenen Nutzen zu manipulieren, muß unterdrückt werden. Nicht *Manipulation*, sondern *Kooperation*, nicht *Egoismus*, sondern *Uneigennutz* bieten Gewähr, daß die eingegangenen Bindungen Bestand haben.

Bei sehr enger Auslegung scheint jede soziale Bindung Darwins Auslöseprinzip zu widersprechen. Ihm zufolge soll der Tüchtigste überleben und die größte Nachkommenzahl haben. Wie erklärt man sich, daß beispielsweise im Bienenstaat 60 000 weibliche Tiere auf Nachkommen verzichten und sich ganz auf die Pflege ihrer Schwestern konzentrieren?

Eine scharfsinnige Theorie aus jüngster Zeit hat uns hier zu entscheidenden neuen Einsichten verholfen: Auslese im Sinne Darwins darf nicht auf ein Individuum bezogen werden. Wenn es darum geht, das eigene Erbgut an möglichst viele Nachkommen weiterzugeben, dann muß man bedenken, daß diese Erbanlagen, wenigstens in Anteilen, auch von den Verwandten an ihre Nachkommen weitergegeben werden. Stellt man also das eigene Handeln nicht ausschließlich auf den eigenen Vorteil ein, wird man durch selbstloses soziales Verhalten den Verwandten gegenüber die Weitergabe der eigenen Erbanlagen fördern. Die moderne Evolutionsforschung stellt demnach der »individuellen Fitness« die »Gruppenfitness« gegenüber.

Zwei Fragen drängen sich nun aber auf:

1. Darf man überhaupt noch von Uneigennutz sprechen, wenn nur die Verbreitung des Erbgutes auf dem Spiel steht? Ist nicht das berüchtigte sog. *egoistische Gen* die Richtschnur aller Handlungen?

2. Dieses »egoistische Gen« würde fordern, Uneigennutz nur in der eigenen Verwandtschaft walten zu lassen. Je näher man sich steht, um so mehr wird sich dieses »egoistische Gen« in einem vermeintlichen uneigennützigen Handeln durchsetzen. Oder gibt es Ausnahmen – zumindest wenn wir das menschliche Zusammenleben betrachten?

Auch beim Menschen übt dieses »egoistische Gen« zweifellos einen mächtigen Einfluß auf das Sozialverhalten aus; keineswegs sollte das mit einem anrüchigen »Nepotismus« gleichgestellt werden. Wenn Eltern und Großeltern in erster Linie für ihre Kinder und Enkel »da sind« und dabei auf viele Annehmlichkeiten verzichten, wenn Onkel und Tante auf eigene Kosten eine Patenschaft für ihre Neffen und Nichten übernehmen, ist ein Gutteil von echtem Uneigennutz im Spiel.

Daß dieser dem engsten Verwandtenkreis zugedacht ist, darf nicht abwertend beurteilt werden, denn es ist ein biologisches Prinzip, das vom Sozialverhalten der Tiere dem Menschen als kostbares Erbe übertragen wurde.

Dieses Handeln ist aber durchaus nicht egoistisch. Eine Mutter, die viele Nächte am Krankenbett ihres Kindes wacht, denkt sicher nicht darüber nach, welchen Bonus sie damit ihrem eigenen Erbgut gibt! Und wenn darüber hinaus uneigennütziges Verhalten auch außerhalb des Verwandtenkreises anzutreffen ist (siehe Seite 167), dann ist es weder eine Ausnahme noch ein abwegiges Sozialverhalten: Das Schlußkapitel dieses Buches wird dieser Frage gewidmet sein. Der Mensch hat rein natürliche Triebe und Handlungen vollwertig in seinem Verhaltensschatz sozusagen als Grundgerüst übernommen; gesellschaftliche Normen, kulturelle Errungenschaften und ethisches Empfinden halten dem Uneigennutz den Weg offen.

Zunächst wollen wir im Tierreich nach den Formen und Strukturen sozialer Verbände Ausschau halten und gleichzeitig prüfen, inwieweit ihre soziale Bindung vom Egoismus oder Uneigennutz geprägt ist.

1. Paarbildung als elementare soziale Bindung

Das Zusammenfinden und Zusammenleben von Männchen und Weibchen ist keineswegs eine selbstverständliche und problemlose Angelegenheit. Diejenigen, die in der Biologie nicht sehr bewandert sind, werden behaupten, es gebe keine Fortpflanzung ohne eine Bindung von Männchen und Weibchen, und daher sei dieses Zusammenfinden ein elementarer Trieb sowohl bei Tieren als auch bei Menschen. Keineswegs ist es aber so, daß eine Fortpflanzung nur durch Vereinigung von Männchen und Weibchen, von Ei und Samenzelle möglich wäre. Es gibt die sog. *Parthenogenese*, bei der die Weibchen aus unbefruchteten Eiern Junge zeugen, wie z. B. bei den Wasserflöhen, den Daphnien: Wenn mit dem herannahenden Winter die Nahrung im Tümpel knapp wird, verzichtet man auf die Männchen; es gibt nur noch weibliche Nachkommen; sie allein retten die Arten über die kritische Zeit hinweg. Eine weit verbreitete Art ungeschlechtlicher Fortpflanzung ist die *Knospung* (siehe S. 54).

Noch viel primitiver – und zugegeben, effektiver – verläuft die Fortpflanzung bei den Einzellern, den Protozoen: Die Amöben, die Wimpertierchen, die gefürchteten Erreger der Schlafkrankheit und der Malaria, trennen sich einfach in der Mitte durch, nachdem sie ihre Erbanlagen identisch auf je einen Tochterkern aufgeteilt haben; auf diese Weise entstehen zwei Tochterzellen. Unter günstigen Umständen kann sich diese Zellteilung jede Stunde wiederholen.

Aber weder die Wasserflöhe noch die Einzeller lassen es bei der reinen Parthenogenese oder bei der Zellteilung bewenden – obligatorisch und in gesetzmäßiger Folge wird immer wieder eine zweigeschlechtliche Fortpflanzung eingeschaltet. Wozu? Die Genetiker geben uns einen ersten Hinweis: Bei der Bildung von Ei und Samenzellen wird der normale doppelte Chromosomensatz auf die Hälfte, d. h. auf den haploiden Satz reduziert. Im doppelten Satz stammt die eine Chromosomengarnitur vom Vater, die andere von der Mutter. Wenn jetzt bei der Reifeteilung die beiden Garnituren getrennt werden, ist es dem reinen Zufall überlassen, ob die Keimzelle von dem angestammten Chromosomenpaar den väterlichen oder den mütterlichen Satz bekommt. Bei der Befruchtung wird durch die Verschmelzung von Ei und Samenzelle der doppelte Chromosomensatz wieder hergestellt. Es gibt da also eine neue Mischung der Erbanlagen, wobei wiederum der Zufall im Spiel ist. Die Kombinationsmöglichkeiten sind praktisch unermeßlich, zumal eine weitere Komplikation hinzukommt: Bei den Reifeteilungen, also bei der Bildung von Ei und Samenzelle, erfolgt innerhalb der Chromosomen durch die sog. crossing over-Vorgänge ein Austausch der Erbanlagen zwischen zwei Chromosomen. Nicht die Fortpflanzung an sich also, sondern die Möglichkeit der Neukombination der Erbanlagen ist der eigentliche biologische Sinn der bi-sexuellen Bindung.

Die Neukombination der Erbanlagen zweier Individuen, die zwar innerhalb einer Art zueinander passen, aber in Feinheiten – z. B. in der Haarfarbe, in der Größe, in der Vitalität, in der Begabung – Unterschiede aufweisen, gibt den Nachkommen die Chance, sich geänderten oder neuen Umweltbedingungen, wie sie durch Klima, Nahrungsangebot, soziale Bindungen gegeben sind, besser anzupassen. Der Fachmann spricht von Fitness-Steigerung.

Um den biologischen Nutzen der Fortpflanzung zu erfüllen, müssen zwei Vorkehrungen getroffen werden:

1. Jede Fehlpaarung zwischen artfremden Partnern muß verhindert werden.

2. Nur die leistungsfähigsten Partner dürfen zur Fortpflanzung kommen. Darwin hat dies »sexual selection«, sexuelle Zuchtwahl, genannt. Die Garantie hierfür ist durch ein hochdifferenziertes, komplexes Balzverhalten gegeben, das durchaus Spuren von uneigennützigem Handeln aufweist.

2. Familie, Sippe, Herde

Nicht selten bleiben die Nachkommen eines Paares kürzere oder längere Zeit bei ihren Eltern und genießen deren Schutz und Hilfe. Bei Säugetieren ist dieser Familienverband absolut notwendig, da die Jungen von der Mutter gesäugt werden müssen. Darüber hinaus gibt es verschiedene andere Arten der Brutpflege, die eindrucksvolle Beispiele uneigennützigen Handelns geben. Dabei sind Männchen und Weibchen meist zu gleichen Teilen beteiligt; die Rollen können aber auch einseitig auf die beiden Partner verteilt sein. Bei Vögeln beteiligen sich Männchen und Weibchen – mit nur wenigen Ausnahmen – gemeinsam am Nestbau, am Brüten, an der Nahrungssuche, am Füttern der Jungen. Bei Spinnen bietet gewöhnlich das Weibchen allein Schutz und Nahrung, beim Stichling ist es das Männchen, das die Jungen betreut und ihnen sauerstoffreiches Wasser zufächelt.

Der Familienverband kann sich zu einer Großfamilie, einer Sippe ausweiten, indem auch die Nachkommen, d. h. die Geschwister, beisammenbleiben. Schimpansen, Rhesusaffen, Orang-Utan, Spitzhörnchen, Totenkopfäffchen und viele Säugetiere bilden auf solche Weise wirksame Schutz- und Kooperationsgemeinschaften. Dabei treten allerdings wieder neue Probleme auf: In welcher Rangordnung, in welcher Funktion hat sich das Einzeltier einzuordnen? Wer übernimmt die Koordination der vielfältigen Tätigkeiten?

Fragen der Koordination und Kooperation werden noch vordringlicher, wenn man bedenkt, daß viele Tiergruppen wie die Zebras, die Wölfe, die Rentiere, große Herden bilden. Nur am Rande sei vermerkt, daß es auch eine andere Art der Gruppierung gibt, wie etwa beim Mantelpavian, wo das Männchen um sich einen umfangreichen Harem bildet.

3. Der Insektenstaat

Die höchste Organisationsstufe in einem Sozialverband ist in den Insektenstaaten, bei den Bienen, Wespen, Ameisen und Termiten erreicht. Da leben seit vielen Millionen Jahren Tausende, ja mehrere Millionen Individuen in einer Gemeinschaft, die in ihrer Harmonie, in ihrer mustergültigen Zusammenarbeit, in ihrer Leistung – bezogen auf Fortpflanzungsrate und Anpassung an verschiedene Lebensräume – Erstaunen erweckt. Was hält diese Verbände zusammen, und was macht sie lebenstüchtig?

1. Sie bilden einen »*geschlossenen Club*«; nur Mitglieder des eigenen Volkes werden aufgenommen; jede Biene, die von einem Trachtflug zurückkehrt, muß am Flugloch den Wächtern ihre »Kennkarte« vorweisen. Sie hat beim Ausflug eine Probe des »Volksduftes« in ihrem Haarkleid mitgenommen. Dieser Volksduft ist eine Mischung aus dem eingebrachten Nektar und Pollen, aus Wachs und – was man erst neuerdings weiß – aus einer individuellen Duftkomponente der Königin; das bedeutet, daß der Volksduft in der Hauptsache genetisch von der Stockmutter festgelegt wird.

2. Das Einzeltier ist für sich allein nicht lebensfähig; es muß wie eine Körperzelle im Verband integriert sein; man nennt den Insektenstaat auch einen »*Superorganismus*«.

3. Die hohe Erfolgsbilanz der Insektenstaaten ist letztlich darauf zurückzuführen, daß die einzelnen Mitglieder als *Spezialisten* ausgebildet sind. Im Bie-

nenstaat sind die Baubienen Spezialisten für den Wabenbau, für die Brutpflege sind die Ammenbienen zuständig; für den Wächterdienst die Wächter, für das Nektar- und Pollensammeln die Trachtbienen. Diese Berufsgruppen nehmen der Königin alle Arbeiten ab, die zum Bestand des Volkes notwendig sind, und entlasten sie für die Eilegetätigkeit, auf die sie sich selbst spezialisiert hat – eine Bienenkönigin erzeugt im Laufe ihres Lebens etwa eine halbe Million Nachkommen! Die Drohnen schließlich, d. h. die Männchen, sind für den Hochzeitsflug freigestellt. Damit aber diese Arbeitsteilung wirklich zu einer Harmonie im Verband führt, muß allerlei Uneigennutz von den einzelnen Individuen aufgebracht werden, die nicht einfach ihrer »Lieblingsbeschäftigung« nachgehen dürfen (siehe S. 33).

4. Lockere soziale Verbände

Unter Artgenossen gibt es aber nicht nur Verbände aus Verwandtenkreisen. Gelegentlich versammeln sich Marienkäferchen, Schaben, Libellen, Schmetterlinge an geschützten Schlaf- und Überwinterungsplätzen. Man trifft sich – unabhängig ob verwandt oder nicht – an gemeinsamen Futterplätzen. Ist es die schützende Rindenspalte oder das lockende Futtersignal; ist der Zufall beteiligt oder ist es doch eine »attraction sociale«, wie der französische Soziobiologe LE MASNE sie genannt hat, die hier Artgenossen innerhalb einer

Population zusammenführt? Die Beweggründe liegen hier noch weitgehend im dunkeln und müßten in jedem Einzelfall geklärt werden.

Man kann aber ganz objektiv die Organisation dieser losen Verbände mit jener einer Sippe oder mit einem Insektenstaat vergleichen. Drei wesentliche Unterschiede fallen auf:

1. Der Verband ist *fakultativ*; das bedeutet, ein Verbandsmitglied kann auch für sich allein, ohne Anschluß an die Gruppe, leben; die Gruppe ist ihrerseits nicht auf den Anschluß des betreffenden Partners und auf seine Tätigkeit angewiesen.

2. Die Vergesellschaftung stellt weiterhin einen *offenen Verband* dar, d. h. jedes Individuum der gleichen Art kann sich als Mitglied dieser Gemeinschaft anschließen und die Gruppe von sich aus wechseln.

3. Der Verband ist *temporär* und kann sich je nach inneren und äußeren Umständen wieder in seine Einzelglieder auflösen.

Was diese Verbände letztlich zusammenhält, ist ein gemeinsames *Ziel* und eine teilweise gemeinsame Handlung. Wir finden sogar gelegentlich eine uneigennützige *Kooperation*. Ein Beispiel: Die Raupen von *Neodiprion*, einer kleinen Schmetterlingsart, sammeln sich als Freßgemeinschaften, wobei sowohl der Duft der Kiefernadeln wie auch jener des Speichels der Larven attraktiv wirkt. Für diese kleinen Raupen ist es aber beschwerlich, die robusten Kiefernadeln anzunagen. Da profitiert die Gemeinschaft von dem Erfolg eines ihrer Mitglieder, dem es – als Pionier –

gelungen ist, einen kleinen Schlitz in eine Nadel zu nagen: an dieser Stelle nagen dann alle übrigen Larven weiter.

Solche Kooperation wird noch deutlicher bei ziehenden Vogelschwärmen, wandernden Libellen, Wanderheuschrecken und einigen Schmetterlingsarten sowie in Fischschwärmen. Wichtige Tätigkeiten müssen exakt synchronisiert und koordiniert werden: gemeinsamer Aufbruch zur Wanderung, gemeinsame Bestimmung des Zieles, gemeinsame Lösung des Orientierungsproblemes während des Zuges. Auch gemeinsame Warnsignale und gemeinsame Verteidigung werden beobachtet. Der Aufbruch zur Wanderung kann durch die Jahreszeit bestimmt sein; es können aber auch komplizierte soziale Verhältnisse mit im Spiel sein; die Wanderheuschrecke, *Schistocerca*, tritt in zwei Formen auf, in einer solitären Phase, die stationär ist, d. h. am gleichen Biotop verbleibt, und in einer Gruppenphase, die die berüchtigten Massenwanderungen unternimmt. Diese werden keineswegs durch Futtermangel ausgelöst, vielmehr wird schon vorzeitig ein Regelmechanismus eingeleitet, der rechtzeitig den gemeinsamen Aufbruch sichert: Als Folge einer zunehmenden Bevölkerungsdichte kommen die Individuen der solitären Phase mehr und mehr miteinander in Kontakt. Dies wiederum setzt, gesteuert durch bestimmte Hormone, den Wandertrieb frei, der dann zum gefürchteten Massenflug führt.

Als einfache soziale Verbände, sozusagen als Vorstufen zu einem echten Verband, kann man jene Verteidigungsgemeinschaft ansehen, die bei Raupen verschiedener Schmetterlingsfamilien sowie bei einigen Spinnenarten anzutreffen ist: Gemeinsam fertigen sie ein Fangnetz oder ein Netz als Ruheplatz und Schutzort. Mehrere Käferarten sowie Wanzenarten schließen sich zu passiven Verteidigungsgemeinschaften zusammen; ihre Mitglieder besitzen Verteidigungsdrüsen und damit verbunden eine Warnfärbung. Die Warnwirkung wird durch die Gruppierung vieler Individuen erhöht, die offensichtlich durch chemische Stoffe zueinander gelockt werden. Solche Schutz- und Verteidigungsgemeinschaften sind zwar immer noch offen, und die Verbände sind in der Regel nur von kurzem Bestand, aber die Mitglieder sind bereits bedingt voneinander abhängig.

Anonymität, Gruppenausweis und
persönliches Erkennen

Überall dort, wo sich Artgenossen zu einem sozialen Verband zusammenfinden, müssen sie sich als dieser Art zugehörig zu erkennen geben. Ob der Artgenosse selbst in diesem Verband anonym bleibt oder ob er sich als gruppenzugehörig oder gar persönlich zu erkennen gibt, wurde bis vor wenigen Jahren noch kaum erörtert. Es sollte genügen, was die Evolution mit der »sexuellen Isolation« forderte: Abschottung der Artgenossen, indem sich nur Männchen und Weibchen der gleichen Art zusammenfinden und für die Fortpflanzung sorgen. Dies demonstrieren ja besonders überzeugend die bekannten Sexuallockstoffe, wo beispielsweise das Weibchen des Seidenspinners mit seinem Bombykol, einem Lockduft, die Männchen bei stockdunkler Nacht anlockt. Natürlich sprechen nur die Männchen der gleichen Art darauf an, aber eben alle, die in der Nähe herumstreunen. In jüngster Zeit mehren sich aber die Meldungen, daß diese Anonymität keineswegs die Regel ist – bereits zur Paarung zeigen sich die Weibchen recht wählerisch; ihr bevorzugter Partner muß sich durch allerlei persönliche Eigenschaften ausweisen (siehe S. 63). Daß Bienen sich untereinander am Stockduft als Angehörige des gleichen Volkes erkennen, wurde bereits beschrieben. Verwechselt eine heimkehrende Biene an einem größeren Bienenstand ihren Heimatstock mit dem danebenstehenden, dann wird sie verjagt oder abgestochen. Auch die Duftspuren, die Ameisen bei ihrem Ausmarsch auf der Suche nach Nahrungsquellen am Boden auslegen, sind *koloniespezifisch*; bei einigen Arten weist sich dabei sogar das Individuum aus.

Bei Säugetieren wurde bekannt, daß die *Rangstellung* innerhalb einer Sippe oder einer Gruppe durch Duftsignale individuell markiert wird (siehe S. 134).

Wie ist es der Evolution im Laufe der Stammesgeschichte gelungen, so viele verschiedene Tierarten – etwa 2 Millionen kennt man heute, davon über 850 000 Insektenarten – mit einem eindeutigen artspezifischen Ausweis zu versehen? Einen ersten Hinweis, mit welcher Genialität die Evolution hier vorgegangen ist, haben die Biochemiker in Zusammenarbeit mit den Sinnesphysiologen und Neurobiologen gegeben: Mit modernen Analysen wurden die Sexuallockstoffe bei Nachtschmetterlingen in ihrer molekularen Struktur aufgeklärt. Es zeigte sich, daß sie stets aus einem Gemisch verschiedener Komponenten zusammengesetzt sind. Dadurch kann durchaus eine der Substanzen – bisher als *das* Sexualpheromon erkannt – in seiner Konzentration führend sein, aber die weiteren Komponenten bieten in ihrer Variabilität wie auch in ihrer innermolekularen Umlagerung ein vielfältiges *Muster* von Duftstoffen. Da durch spezifische Versuche erwiesen ist, daß die Schmetterlinge mit ihren empfindlichen Riechorganen durchaus feine qualitative und quantitative Unterschiede im Duftmuster unterscheiden können, ergibt sich hier eine denkbar einfache Möglichkeit, durch eine Mutation, die eine leichte Änderung des Mischungsverhältnisses oder eine Stereoisomerisation, d. h. eine innermolekulare Umlagerung, zur Folge hat, eine neue Art zu isolieren.

In diesem Zusammenhang ist es nötig, noch einmal auf die sozialen Insekten einzugehen, die mit Hilfe verschiedener Duftmuster grundlegende Voraussetzungen für ihre soziale Organisation schaffen. Schon die Tatsache, daß Ameisen bis zu elf verschiedene Duftdrüsen in ihrem Körper haben, daß auch Bienen eigene Alarmdrüsen und Lockdrüsen besitzen, zeigt ihre Bedeutung für eine gegenseitige Verständigung. Soweit erforderlich kann sich das Einzelindividuum sogar mit einem »Personalausweis« ausstatten. Ein Beispiel sei herausgegriffen:

Die Bienenkönigin muß sich ihrem Volk tagaus, tagein »persönlich« als gesundes, legetüchtiges Vollweibchen ausweisen; sie tut es mit Hilfe der berühmten »Queen-Substance«, der Königinsubstanz, die aus der Oberkieferdrüse in kleinen Portionen abgesondert und an die Hofstaatbienen weitergegeben wird. Sie besteht aus zwei Hauptkomponenten, der 9-Oxo-Trans-2-Decensäure und der 9-Hydroxy-Trans-2-Decensäure; dazu kommen drei weitere Decensäuren, deren Zusammensetzung die verschiedenen Rassen unserer Honigbiene kennzeichnet. Diese Königinsubstanz dient der gegenseitigen Verständigung durch folgende zwei Funktionen: Zum einen wird sie in kleinsten Portionen von den Hofstaatbienen an die übrigen Stockbienen weitergegeben; sie erhalten damit die Botschaft »wir haben eine gesunde Königin«. Geht die Königin verloren, wird sofort von den Ammenbienen eine Ersatzkönigin herangezogen. Auch wenn im Mai die Völker sich mächtig entwickeln und die »Queen-Substance« nicht mehr die letzten Wabengassen erreicht, bereitet sich das Volk zum Schwärmen vor, indem es vorzeitig Weiselzellen ansetzt, in denen ebenfalls junge Königinnen heranwachsen.

Eine zweite Funktion hat diese Königinsubstanz beim Hochzeitsflug: Die Drohnen aus der näheren und weiteren Umgebung treffen sich an bestimmten Sammelplätzen, etwa 10 m hoch in der Luft. Die jungen Königinnen stürzen sich in diesen Drohnenschwarm, geben dabei aus der Oberkieferdrüse die »Queen-Substance« als Duftsignal frei und locken damit die Drohnen zur Kopulation an.

Es gibt aber auch einige Unzulänglichkeiten in der artspezifischen, koloniespezifischen, gruppenspezifischen und individualspezifischen Abgrenzung durch eine chemische Kennkarte: Bei Nachtschmetterlingen hatte E. PRIESNER im sog. Kreuztest nachweisen können, daß ein Sexuallockstoff einer bestimmten Art auch die Männchen der nächstverwandten Arten anlocken kann; allerdings wird mit abnehmendem Verwandtschaftsgrad die Lockwirkung immer schwächer; man kann auf diese Weise eine sehr exakte und moderne chemische Taxonomie, d. h. Verwandtschaftsgruppierung, aufstellen. Die sexuelle Isolation wird aber durchaus gewährleistet, indem andere Faktoren isolierend eingreifen, z. B. die Zeit der Balzflüge, die geographische Isolation, bestimmte Klimafaktoren usw. Der vorgelegte Ausweis ist also nicht auf ein einziges Sinnesgebiet ausgerichtet, sondern kann ein Komplex aus optischen, geruchlichen, akustischen, tageszeitlichen Signalen sein.

Zusammenfassend dürfen wir eine generelle Schlußfolgerung ziehen: ob Anonymität, ob Gruppenausweis, ob persönliche Kennkarte, darüber hat nicht ein egoistisches Interesse des Individuums zu entscheiden; obenan stehen das Bedürfnis und die Sicherheit der Gemeinschaft.

Vorteile des Zusammenlebens

Die Vorteile des Zusammenlebens begegnen uns am eindrucksvollsten in den größeren Tierverbänden, vor allem in den Insektenstaaten. Wie man aus diesem Zusammenleben Nutzen ziehen kann, hat die Natur aber schon bei primitiveren Verbänden bis zu den einzelligen Tieren, ja sogar bis zur einzelnen Zelle dokumentiert. Die Zelle als elementarer Baustein aller Lebewesen stellt bereits einen hochorganisierten Gemeinschaftsverband dar, in dem Hunderte von Enzymen als chemische Fabriken tätig sind, wo sog. Zellorganellen als spezialisierte Arbeitstrupps für verschiedene lebenswichtige Funktionen – wie Bewegung, Nahrungsaufnahme, Verdauung, Nahrungstransport – bestimmt sind. Die vermeintlich primitiven Einzeller, etwa die Pantoffeltierchen in unseren Tümpeln, zeigen nachdrücklich, wie man durch solche Spezialisierung und Arbeitsteilung der Zellorganellen mit einer einzigen Zelle einen lebensfähigen Organismus bauen kann. Wenn bei einem Vielzeller die einzelnen Zellen als Spezialisten sich zu Organen zusammenfinden, von denen jedes wieder eine spezielle Aufgabe zu erfüllen hat, wenn Männchen und Weibchen sich zur Kopulation treffen und anschließend mit ihren Jungen als Familienverband zusammenbleiben, wenn sich Affenrudel zu einer Sippengemeinschaft zusammenfinden, wenn Fische, Wanderheuschrecken und Zugvögel sich zu Tausenden auf eine gemeinsame Wanderschaft begeben, wenn Termiten, Bienen, Ameisen, Wespen die bekannten Staatengemeinschaften bilden, dann müssen solche kombinierten Verbände gegenüber dem Einzeldasein Vorteile mit sich bringen. Anders wäre ihre Existenz seit vielen Millionen Jahren nicht zu verstehen – so jedenfalls die Erkenntnisse der modernen Evolutionstheorie. Wir wollen die Vorteile sachlich herausfinden. Wenn wir Vorteile und Nachteile des Zusammenlebens gegeneinander abwägen, begegnen uns vielleicht auch erste Spuren von Uneigennutz.

1. Spezialisierung und Arbeitsteilung – ein entscheidender ökonomischer Gewinn

Wenn wir in unserer menschlichen Gesellschaft Facharbeiter und Spezialisten ausbilden, um unser Zusammenleben zu erleichtern und zu bereichern, so ist dies keineswegs eine Erfindung des *Homo sapiens*. Abgesehen von der oben erwähnten Spezialisierung von Zelltypen bei allen vielzelligen Organismen, wo die einzelnen Organe Spezialaufgaben für den gesamten Organismus zu erfüllen haben, finden wir bei vielen tierischen Sozialverbänden, vor allem bei den Insektenstaaten, diese Spezialisierung in vollendeter Form, wobei zweifellos auch Ansätze für ein uneigennütziges Handeln vorliegen. Man ist in der eigenen persönlichen Handlungsfreiheit eingeschränkt, man darf nicht jederzeit dem eigenen Hobby nachgehen, sondern man muß sich dem Gesamtplan eines Arbeitsmarktes einfügen. Da stellt sich natürlich gleich die prinzipielle Frage: Wer entscheidet über das Schicksal des Einzelindividuums im Hinblick auf seine Spezialausbildung? Wie werden die Tätigkeiten der einzelnen Berufsgruppen sinnvoll organisiert, damit die Harmonie auf dem Arbeitsmarkt gesichert ist? In den Insektenstaaten sind zwei Prinzipien verwirklicht:

Durch besondere morphologische Ausrüstung ist jeder Arbeiter sein ganzes Leben für eine bestimmte Tätigkeit prädestiniert. So ist es bei den sog. Kasten der Termiten und vieler Ameisenarten.

Da gibt es die Soldaten mit mächtigen Kieferzangen, die kleinen Innendienstarbeiter, die die Brutpflege und Nestbauarbeiten übernehmen, und das große Heer der kräftigen Außenarbeiter, die für den Nahrungserwerb Sorge tragen. Nicht zu vergessen sind natürlich die »Vollgeschlechtstiere«, d. h. die Königin mit ihren mächtig entwickelten Eierstöcken und die geflügelten Männchen, die beim Hochzeitsflug die jungfräulichen Weibchen begatten müssen. Die Schwierigkeit bei dieser Art der Arbeitsteilung liegt darin, daß *vorsorglich* für die richtige Zusammensetzung der einzelnen Berufsgruppen gesorgt werden muß. Die Brutammen haben nämlich die Fähigkeit, aufgrund unterschiedlicher Ernährung aus den heranwachsenden Larven entweder Soldaten, Zwergarbeiter, Außenarbeiter oder aber auch eine Königin entwickeln zu lassen. Woher sie die richtigen Anweisungen bekommen, ist bis heute noch ein Rätsel.

Auf ganz andere Weise wird der Arbeitsmarkt im Bienenstaat gesteuert. In genialer Weise hat hier die Natur eine Idee verwirklicht, die nicht nur eine Harmonie für den »gewöhnlichen Alltag« im Staat garantiert, sondern auch jederzeit innere und äußere Störungen ausgleichen kann.

Die Urahnen unserer *Apis mellifera* waren Einsiedlerbienen, von denen heute noch mehrere tausend Arten leben. Bei ihnen übernimmt das Weibchen nach der Begattung sämtliche Aufgaben für Nestbau und Brutpflege. Im Frühjahr muß immer wieder für die nächste Generation ein neues Nest gebaut werden.

Ganz anders im Bienenstaat: die Königin lebt das ganze Jahr über mit 40000–100000 Arbeitsbienen zusammen; im Frühjahr gesellen sich einige hundert Drohnen als männliche Wesen hinzu. Damit ist bereits der Grundstock zu einer Arbeitsteilung gelegt: Königin und Drohnen als Vollgeschlechtstiere besorgen die Fortpflanzung. Die Königin beginnt wenige Tage nach dem Hochzeitsflug mit der Eiablage und führt diese ihr Leben lang fort, das etwa sechs Jahre dauert. Alle übrigen Arbeiten, Wabenbau, Aufzucht der Larven, Vorratsbildung durch Honig, werden von den Arbeitsbienen übernommen. Daß ihre Tätigkeit so effektiv ist und sie dem Imker sogar einen Überschuß aus dem Honigvorrat überlassen können, ist eben auf eine harmonische, hochorganisierte Arbeitsteilung unter den Arbeitsbienen zurückzuführen.

Man ist dabei versucht, eine Parallele zur Organisation der Arbeitsteilung in der menschlichen Gesellschaft zu suchen. Auch im Bienenstaat gibt es, wie schon erwähnt, verschiedene Berufsgruppen, die auf bestimmte Tätigkeiten sozusagen als Facharbeiter spezialisiert sind, wie beispielsweise die *Baubienen*, die aus den Wachsdrüsen auf der Bauchseite Wachsschuppen ausschwitzen und diese dann zu dem wundervollen Wabenbau verwenden. In seiner Architektur und Ökonomie ist der Wabenbau einzigartig: Das Sechseckmuster nutzt den Raum am besten von allen anderen geometrischen Mustern aus. Es benötigt bei gleichem Fassungsvermögen am wenigsten Baumaterial und garantiert eine hohe Tragkraft. Eine Wabe mit den Maßen $37 \times 22,5$ cm kann 2 bis 3 kg Honig aufnehmen und braucht zum Bau nur 40 g Wachs!

Eine zweite Berufsgruppe wird durch die *Brutammen* gestellt. Sie haben die Kinderstube, d. h. die Larven zu versorgen. Es gibt keine Kinderklinik und kein Säuglingsheim in der ganzen Welt, das in hygienischer wie in pflegerischer Hinsicht den Bienen gleichkommt. Die Brutzellen sind vor der Eiablage mit einem eigenen Firnisbelag austapeziert und sterilisiert worden. Dazu wird Sekret aus der Oberkieferdrüse und vielleicht aus anderen Kopfdrüsen verwendet.

Im Brutnest wird weiterhin eine konstante Temperatur von 35 Grad Celsius gehalten, die Luftfeuchte ist ebenfalls geregelt, und die Verpflegung ist so optimal, daß die Gewichtzunahme der Larven so schnell erfolgt, daß schon in sechs Tagen die Verpuppung, d. h. die Umwandlung in eine fertige Biene vorbereitet werden kann. Würde ein menschlicher Säugling so intensiv mit hochwertiger Nahrung versorgt wie eine Bienenlarve, dann würde er in sechs Tagen ein Gewicht von zweiunddreißig Zentnern erreichen!

Das hochwertige Futter stammt aus eigenen Ammendrüsen im Kopf, dem bei älteren Larven auch Honig und Pollen beigegeben werden. Bewundernswert ist die Tätigkeit der Brutpflegerinnen aber noch in einem anderen Punkt: die Zusammensetzung ihres Larvenfutters entscheidet, ob aus einer weiblichen Larve eine Königin oder eine Arbeitsbiene wird. Das Geschlecht selber wird ja schon bei der Eiablage determiniert: je nachdem, ob die Königin aus der Samenpumpe dem vorbeigleitenden Ei Spermien beigibt oder nicht, wird sich – wenn das Ei besamt wurde – ein weibliches Individuum entwickeln, oder es schlüpft aus dem Ei ein Drohn – wenn das Ei unbesamt bleibt. Aus den weiblichen Eiern werden in der Regel Arbeiterinnen herangezogen. Im Mai, wenn immer mehr junge Bienen schlüpfen und es im Stock zu eng wird, legen die Baubienen am Wabenrand »Weiselnäpfchen« an, in denen die Brutammen aus einem weiblichen Ei eine Königin zur Reife bringen. Dies geschieht auch, wenn die Königin erkrankt oder an Altersschwäche eingeht. Die Weichen für eine Entwicklung zur Arbeitsbiene oder Königin müssen vor dem vierten Larventag gestellt werden. Der Zauberstoff ist ein Hormon, das sog. Juvenilhormon, das die Brutammen fein dosiert dem Larvenfutter beigeben – einige wenige Milligramm im Überschuß machen den Weg zur Königin frei.

Nicht zu vergessen sind die *Wächterbienen*, die tagaus, tagein das Flugloch vor allerlei Räubern, d. h. vor fremden Bienen, Wespen usw. zu schützen haben.

Die letzte, für den Imker wichtigste Berufsgruppe im Bienenstock ist die große Schar der *Sammelbienen*. Unermüdlich tragen sie bei warmem, sonnigem Wetter Nektar und Pollen mit solchem Eifer ein, daß wir Menschen vom Überfluß genießen dürfen. Der biologische Sinn dieses Überflusses ist aber der, daß für magere Zeiten, insbesondere für die Wintermonate, vorsorglich Honig und Pollen gespeichert werden. Die Sommergeneration sorgt also uneigennützig für die nachfolgende, die den Winter zu überleben hat. Ungeheuer groß ist die Sammelleistung, die die Bienen vollbringen: Um ein Pfund Honig zu speichern und einzudicken, müssen sie mindestens 2 Millionen Blüten besuchen und dabei eine Wegstrecke bewältigen, die der dreifachen Umkreisung des Erdballs gleichkommt. Der Hauptnutzen, den die Sammelbienen dem Menschen bringen, liegt aber nicht im Honigertrag, sondern in der Bestäubung wichtiger Nutzpflanzen.

Die geschilderten Berufsgruppen werden in einzigartiger Weise in den Arbeitsmarkt des Bienenstaates eingefügt: die einzelne Biene erweist sich dabei als bewundernswerter, uneigennütziger Berufskünstler; dabei geht sie nicht etwa ihrer »Lieblingstätigkeit« nach, sondern absolviert im Laufe ihres Lebens sämtliche Tätigkeiten, die in einem Bienenvolk anfallen – mit Ausnahme des Eierlegens. Jede Biene beginnt gleich nach dem Schlüpfen mit dem Reinigungsdienst und geht nach etwa drei Tagen zur Brutpflege über, ab dem zehnten Lebenstag etwa betätigt sie sich eine Woche lang als Bauarbeiterin. Schließlich nimmt sie ihren Posten als Wächter vor dem Flugloch ein, bleibt dort einige Tage und kommt dann unvermittelt mit Pollen oder Nektar beladen als Sammelbiene nach Hause. Diese Tätigkeit übt sie bis zu ihrem Lebensende aus. Bei guter Tracht werden die Bienen vier bis fünf Wochen, im Herbst etwa zwölf Wochen alt, und den Winter überleben sie mit fünf bis sechs Monaten.

Mit dem Wechsel von einer Arbeit zur anderen werden auch verschiedene Drüsensysteme im Körper der Biene aktiviert: die Ammendrüsen im Kopf zur Zeit der Brutpflege und die Wachsdrüsen an der Bauchseite für die Baubienen. Was den Menschen besondere Bewunderung abverlangt, ist die Tatsache, daß das geschilderte Schema der Arbeitsteilung abgeändert werden kann, sofern die soziale Situation es erfordert. Einem Bienenvolk wurden bei einem Umstellungsversuch alle Jungbienen, d. h. alle Brutammen und Baubienen weggenommen. Dann unterzogen sich die Sammelbienen, die sich noch einigermaßen jugendlich fühlten, einer Verjüngungskur: Sie gingen an die Pollentöpfe, regenerierten in wenigen Tagen durch die eiweißreiche Pollennahrung und vielleicht auch durch Zusatz von Drüsensekret ihrer Stockgenossinnen ihre Ammendrüsen und Wachsdrüsen und wiederholten ihr Lebensprogramm, von ihrer Jugendzeit angefangen, noch einmal. Umgekehrt, wenn wir ein Bienenvolk durch Verstellen des Stockes kahlfliegen ließen – wobei es alle Sammelbienen verlor, weil die älteren Bienen beim Heimflug genau an der alten Stelle ihr Flugloch suchten –, dann wagten sich schon in den ersten Tagen nach der Umstellung jene Stockbienen ins Freie, die mit dem fünften bis sechsten Lebenstag ihre ersten Orientierungsflüge hinter sich gebracht hatten und einige Geländeerfahrung besaßen; sie kamen alsbald mit Nektar und Pollen beladen in den Stock. Schon in ihren frühen Jugendtagen wurden sie zu betagten Feldbienen.

Diese Labilität und Anpassungsfähigkeit auf dem Arbeitsmarkt des Bienenstaates stellt uns natürlich vor die Frage: Wer informiert die einzelne Biene, welche Tätigkeit sie jeden Tag auszuführen hat?

Es ist eine denkbar einfache Verständigung, die hier die Lösung bringt: Die einzelne Biene erhält keine Anweisung von höherer Stelle, sie informiert sich selbständig über die jeweiligen Bedürfnisse im Verband. Auf ausgedehnten *Patrouillengängen*, die bei Stockbienen bis zu 40 Prozent der gesamten Tätigkeit ausmachen, inspizieren die Bienen immer wieder die verschiedenen Arbeitsplätze – Brutwaben, Bautraube u. a. –, und wo Hilfe nötig ist, springen sie uneigennützig ein, soweit ihr physiologischer Zustand dies erlaubt. Die Arbeiter dirigieren ihre eigene Arbeit nicht; sie werden vom Fortgang ihrer Arbeit selbst dirigiert.

2. Gemeinsame Verteidigung

Vielfältig und zahlreich sind die Fälle, die den Nutzen einer gemeinsamen Verteidigung für den Tierverband aufzeigen. Der uneigennützige Beitrag des Einzeltieres kann dabei bis zur Selbstaufopferung führen.

Im Gemsrudel fordert der Warnpfiff der Wachposten zur rettenden Flucht auf. Das Einzeltier kann also vorher ruhig äsen; insbesondere beim Lagern bleibt das Rudel ständig bewacht. Das gleiche gilt für viele Säugetierherden, z. B. Zebra, Rentier. Bei Vögeln kennt man Warnrufe, die sogar »uneigennützig« fremde Artgenossen einer Population zur Flucht oder zum Verstecken auffordern.

Eine andere Strategie wenden die Elche an: In langen Reihen äsen sie gegen den Wind; der verdächtige Geruch eines Fremden wird sich unweigerlich den scharf riechenden Tieren verraten, die dem Räuber am nächsten stehen, jedenfalls einer größeren Herde besser als dem Einzeltier. Moschusochsen und Wasserbüffel zeigen ein anderes Verteidigungssystem: Sie igeln sich ein oder bilden in breiter Front eine Angriffsreihe, wobei die stärksten Männchen sich vorne aufstellen und den Weibchen und Jungen in den hinteren Reihen Schutz gewähren. Bekannt ist, daß sich die dominanten Männchen bei Baboons und Schimpansen persönlich zum Schutz des Verbands einer drohenden Gefahr, auch unter Einsatz des Lebens, aussetzen.

Auch bei ziehenden Staren und anderen Zugvögeln findet man ein ausgeklügeltes Abwehrmanöver: Werden sie von einem Falken verfolgt, rücken sie zu einem dichten Bulk zusammen; der Falke wird sich hüten zuzustoßen, denn er würde unversehens Gefahr laufen, mit einem anderen oder mehreren zu kollidieren und sich dabei selbst zu verletzen, während er einem einzelnen Tier nachjagt.

Einen besonders eindrucksvollen Fall echter sozialer Verteidigung in einem Tierverband hat K. VON FRISCH bei schwarmbildenden Fischen entdeckt. Er hatte Versuche über das Hörvermögen der Elritze vorbereitet und zu diesem Zweck am Wolfgangsee bei St. Gilgen am Ufer eine Futterstelle eingerichtet, die jeden Tag zutraulich von den Fischen aufgesucht wurde. Zum eigentlichen Versuch sollte eine Elritze persönlich markiert werden: Mit einem kleinen Schnitt trennt man den Seitenliniennerv am hinteren Ende durch, dann färbt sich das Hinterende schwarz. Als Karl von Frisch diese leicht verletzte Elritze wieder zu seinem Schwarm ins Wasser zurückwarf, stiebten alle Tiere wie wild auseinander und waren so verschreckt, daß sie tage-, ja wochenlang nicht mehr an diese Futterstelle kamen. Die verletzte Elritze hatte aus ihrer Wunde einen Schreckstoff abgegeben, eine chemische Substanz, das Ichthyopterin, das hochwirksam die Artgenossen verschreckte und die Gefahrenstelle meiden ließ. Gewöhnlich geschieht dies, wenn ein Hecht eine Elritze schnappt. Das Einzeltier ist dann zwar verloren, es hat aber sein Leben für die Rettung des Schwarmes geopfert.

Es überrascht nicht, daß die Insektenstaaten über die vielfältigsten, aber auch wirksamsten Warn- und Verteidigungsmechanismen verfügen. Ein Imker muß stets gewärtig sein, daß bei jedem Eingriff in ein Bienenvolk, ja schon bei der geringsten Störung ein Massenangriff erfolgt. Eine Wächterbiene am Flugloch sticht in der Regel nicht allein, wenn man sich ihr unvorsichtig nähert, sondern sie läuft eiligst mit emporgerecktem Hinterleib in den Stock und kommt mit einer Schar alarmierter Genossinnen zurück; man wird jetzt nicht nur einen, sondern Dutzende Stiche einstecken müssen. Die Wächterin setzt aus einer Nebenhöhle ihres Stachelapparates ein hochwirksames Alarmsignal frei, den Duft des Isoamyl-Azetats. Die gemeinsame Abwehr wird noch dadurch verstärkt, daß die Bienen den Stachel mit dem anhängenden Nervenknoten dank seiner Widerhaken in der Haut zurücklassen; dies hat einerseits unweigerlich ihren Tod zur Folge. Der zurückgelassene Stachelapparat pumpt zum anderen selbständig Gift in die Stichwunde und läßt weiterhin Isoamyl-Azetat frei, fordert demnach auch andere Bienen zum Angriff auf.

Auch Wespen und Ameisen wenden diese Strategie der Massenalarmierung an. Ameisen haben hierfür ein ganzes Depot von Warndüften, etwa aus der Dufour-Drüse und der Oberkieferdrüse, die Ketone, Terpene, Undekane usw. liefern.

Die Soldaten der Termiten warnen bei der geringsten Störung ihres Baues mit dem Duftsekret ihrer Körperdrüsen, die Pinene und Limonene freigeben. An einer Bruchstelle der Nesthülle erscheinen in Masse die »Nasuti«; diese greifen Eindringlinge – etwa Ameisen oder Vögel – wirksam an, indem sie ihren mächtigen Nasenfortsatz zur Explosion bringen. Auch hier wird die individuelle Existenz dem gemeinsamen Wohl geopfert.

3. Gemeinsame Nahrungssuche

Daß auch die gemeinsame Nahrungssuche dem Verband einen Vorteil bringen kann, mag paradox erscheinen: Das aufgefundene Futter gehört nicht mehr einem Tier allein, es muß unter alle Verbandsgenossen aufgeteilt werden. Die Kosten-Nutzen-Rechnung fällt jedoch zugunsten des Verbandes aus. Vor allem Kooperation und Nachahmung sind für die positive Bilanz verantwortlich.

Offenkundig ist der Vorteil bei gemeinsamer Jagd: Wölfe versuchen zunächst ein Schaf oder ein Rentier von seiner Herde wegzujagen, dann wird es gemeinsam eingekreist und schließlich erledigt.

Die kleinen afrikanischen Wildhunde *(Lycaon pictus)* wagen sich an die viel größeren Gazellen und sogar an Zebras heran; sie isolieren sie von der Herde und jagen das Einzeltier bis zu dessen Erschöpfung. Während der Zerstückelung lauern aber schon die Hyänen, um zu stehlen. Sie müssen gemeinsam verjagt werden.

In der Kooperation bei der Nahrungssuche erreichen wieder einmal die Insekten den Gipfel an Einfallsreichtum und an realer Wirkung. Wenn eine Ameise von *Pogonomyrmex* eine Raupe als Beute entdeckt hat, alarmiert sie mit dem Duftsekret ihrer Oberkieferdrüse (dem 4-Methyl-3-Heptonon) ihre Stockgenossinnen, die ihr helfen, gemeinsam das Ungetüm zu überwältigen, zu töten und zu zerstückeln. Die Orientierung zum Futterziel wird durch Spurenlegen ermöglicht; dazu werden wiederum Duftmarken aus allerlei Duftdrüsen am Boden ausgelegt.

Andere Gattungen stehen noch auf scheinbar primitiverer Alarmstufe, die aber nicht minder effektiv ist: Sie schicken ihre Genossinnen im »Tandem« zum Ziel, d. h. die Entdeckerin holt sich eine Partnerin aus dem Nest, diese folgt ihr Schritt für Schritt im Tandemlauf. Körnersammelnde Ameisen wiederum legen sog. Ameisenstraßen zu ihren Futterplätzen an, auf deren Duftspuren die Furagiere sicher und rasch ihre Körner ins Nest eintragen.

Spurenlegen vom Nistplatz zu einer Futterquelle ist bei Termiten und Ameisen, die ständig auf dem festen Boden herumkrabbeln, allgemein verbreitet. Daß auch die stachellosen Bienen (das sind primitivere Verwandte der Honigbiene) davon Gebrauch machen, war zunächst überraschend, da ja hier die Suchbiene im Flug ihre Futterquelle ausfindig macht. Wenn diese eine ergiebige Futterstelle entdeckt hat, fliegt sie zunächst zum Stock zurück und alarmiert durch aufgeregte Schwirrläufe ihre Stockgenossinnen. Diese fliegen aus und warten als Schwarm vor dem Flugloch weitere Weisungen ab. Nach einigen erfolgreichen Sammelflügen legt die genannte Suchbiene am Boden vom Futterplatz bis zum Stock Duftmarken aus, indem sie an Steinchen oder Grashalmen mit ihrer Oberkieferdrüse ein Duftsekret abstreift. Am Stock angekommen, holt sie den alarmierten Schwarm ab und lotst ihn anhand der Duftstraße zum Futterziel.

Die erfolgreichste Stufe einer gemeinsamen Nahrungssuche haben die Honigbienen erreicht, die sich dazu des Rund- und Schwänzeltanzes bedienen. Einzelheiten über dieses einzigartige Verständigungssystem findet der Leser bei KARL VON FRISCH »Aus dem Leben der Bienen« und bei MARTIN LINDAUER »Verständigung im Bienenstaat«. Hier soll lediglich noch einmal in Erinnerung gerufen werden, welche Vielfalt an Informationen der Bienentanz einschließt.

1. Durch erregte symbolisierte Tanzbewegungen teilt eine erfolgreiche Sammelbiene den Stockgenossinnen mit, daß sie eine ergiebige Futterquelle entdeckt hat; gleichzeitig fordert sie die Nachtänzerinnen auf, ihr bei der Ausbeute dieser Futterquelle zu helfen. Bereits damit handelt sie in gewissem Sinne uneigennützig: Sie ist keineswegs bestrebt, den von ihr entdeckten Fund allein auszubeuten, was wiederum hohe soziale Bedeutung hat – nur durch den Massenbeflug eines blühenden Apfelbaumes, einer Löwenzahnwiese, eines blühenden Himbeerschlages ist Garantie

gegeben, daß Nektar und Pollen eingeholt werden, ehe die Blüten verwelken und die Konkurrenz aus anderen Völkern der Ausbeute zuvorkommt.

2. Durch den Duft, der mit dem Nektar und Pollen sowie im Haarkleid der Sammelbiene mit in den Stock gebracht wird, teilt die Tänzerin mit, welche Blütensorte sie besucht hat; sie legt damit den Grund für eine wichtige Funktion der Honigbiene, die Blütenstetigkeit; nur dadurch, daß die Bienen auf einem Sammelflug immer die gleiche Blütensorte besuchen, ist eine Fremdbestäubung innerhalb einer Blütenart möglich. Die Sammlerinnen bleiben so lange ihrer Blütensorte treu, bis die Nektarquelle versiegt; durch die verlockenden Blüten im Nachbarfeld lassen sie sich nicht ablenken.

3. Durch die Lebhaftigkeit und Dauer des Tanzes wird abgestuft die Rentabilität und Qualität der aufgefundenen Futterquelle mitgeteilt. Dabei ist besonders bemerkenswert, daß Rentabilität und Qualität keine subjektiven Maßstäbe für die Biene bedeuten, sondern anhand der sozialen Bedürfnisse gemessen werden (siehe S. 47).

4. Durch den Rhythmus des Tanzes und die Ausrichtung des Schwänzellaufs im Schwerefeld wird genauestens die Lage der Fundstelle bekanntgegeben. Der Rhythmus bezieht sich dabei auf die Entfernung – je langsamer die Schwänzelläufe aufeinander folgen und je länger der Schwänzellauf dauert, um so weiter entfernt ist das Ziel. Die Richtung des Schwänzellaufs im Schwerefeld nimmt Bezug zum jeweiligen Sonnen-

stand. Schwänzellauf nach oben bedeutet, man muß der Sonne entgegenfliegen, um zum Ziel zu kommen, Schwänzellauf nach unten: das Ziel liegt entgegengesetzt zur Sonne, Schwänzellauf 80 Grad links von der Senkrechten heißt, man findet das Ziel 80 Grad links von dem momentanen Sonnenstand.

Ich habe versucht, die Faktoren Ergiebigkeit und Qualität näher zu analysieren, wobei ich eine große Überraschung erlebte: Während im Mai zur Haupttrachtzeit zweimolares, also sehr süßes Zuckerwasser gerade noch einige matte Tänze auslöste, mußte ich ab Juli mit abnehmender Tracht immer mehr Wasser zugießen, d. h. das Zuckerwasser auf 1 Mol, $\frac{1}{2}$ Mol, sogar bis auf $\frac{1}{16}$ Mol verdünnen, um die ungestümen Tänze zu hemmen. Das bedeutet, daß die Sammelbienen ihr subjektives Geschmacksempfinden zugunsten der Sozialbedürfnisse zurückstellen. Im Mai konnte mein Zuckerwasser mit den reichlich fließenden, hochwertigen Nektarquellen nicht konkurrieren. Ab Juli aber, wo die natürliche Tracht immer spärlicher wurde, war auch verdünntes Zuckerwasser zum Eindicken für den Wintervorrat noch willkommen. Ist dies nicht ein eindrucksvoller Beleg für selbstloses Handeln der Honigbiene, die als Süßschmeckerin par excellence ihre subjektive Vorliebe für konzentriertes Zuckerwasser zurückstellt, wenn bei mageren Trachtzeiten auch verwässerte Futterlösung im Sozialverband noch willkommen ist?

Wie hatten die Sammelbienen, die nur an meinem Futtertischchen verkehrten, Kenntnis von der Konkurrenz erhalten, die draußen in den Feldern und Wiesen durch die anderen Sammelscharen gegeben war? Die Information über das jeweilige soziale Bedürfnis wird in denkbar einfacher Weise bei der Nektarabgabe übertragen: Wenn der eingebrachte Nektar gleich am Flugloch stürmisch von drei oder vier Bienen gleichzeitig abgenommen wird, bedeutet dies, daß Futter dringend benötigt wird. Muß die Sammelbiene ihren Nektar mehrmals anbieten und weit auf den Waben herumlaufen, bis ihr endlich eine einzelne Biene lustlos das Futter abnimmt, so heißt das, andere Gruppen haben Besseres anzubieten. Die Folge ist, daß im ersten Fall lebhafte Tänze ausgelöst werden, im letzteren wird nicht mehr alarmiert; die Sammlerin läßt sich sogar durch andere Tänze anwerben. Man kann diese sozial bedingte Nahrungswahl – man darf ruhig sagen, die sozial bedingte Tanzlust – mit der Stoppuhr quantitativ messen: eine Abnahmezeit unter dreißig Sekunden löst zu 100 Prozent Tänze aus, dauert die Abnahme länger als eine Minute, wird kaum noch ein Tanz registriert, dauert sie über zwei Minuten, wird sogar das Sammeln eingestellt. Dieses Verhalten setzt natürlich voraus, daß auch die Stockbienen unter sich wieder über den täglichen Speisezettel informiert sind; dies geschieht durch ständigen Futteraustausch von Biene zu Biene.

Wir dürfen mit Sicherheit annehmen, daß in allen diesen Fällen die reine Sinnesempfindung der einzelnen Biene durch die Geschmacksrezeptoren im Frühjahr und Herbst gleichgeblieben ist; ausschließlich das soziale Bedürfnis ist es, das ein echt selbstloses Verhalten bestimmt.

Noch eindrucksvoller ist diese soziale Einordnung der subjektiven Sinnesempfindung in einer anderen Situation: In gesonderten Versuchen konnte ich nachweisen, daß Bienen bei Überhitzungsgefahr – wie diese in südlichen Ländern oder auch bei uns an heißen Sommertagen durchaus gegeben ist – Wasser eintragen, es tröpfchenweise in den Brutzellen absetzen, durch Rüsselschlagen filmartig ausbreiten und durch intensives Fächeln die kühlende Verdunstung verstärken. In dieser kritischen Situation, die man durch künstliches Erhitzen der Brutwaben dramatisch verstärken kann, werden die Trachtbienen zu Wassersammlern. Wenn ich an meinem Tischchen konzentriertes und stark verdünntes Zuckerwasser zur Wahl stellte, wurde letzteres bevorzugt, schließlich wurde nur noch reines Wasser angenommen. Für Bienen als Süßschmecker muß diese Umstellung auf reines Wassersammeln eine starke Überwindung subjektiver Sinnesempfindung bedeuten!

Man kann diese sozial bedingte Steuerung der Futterwahl experimentell stören, indem man die Bindung der einzelnen Biene an ihre Gemeinschaft stufenweise löst. Wenn man im Herbst zu spärlicher Tracht, wo schon 1/16 molares wäßriges Zuckerwasser Tänze auslöst, die individuell markierten Bienen am Futterplatz abfängt und für fünf Minuten, dreißig Minuten, eine Stunde, sechs Stunden, vierundzwanzig Stunden isoliert in einem Drahtkäfig hält, dann wieder dem Stock zusetzt und in der üblichen Weise ihre Tanzstimmung kontrolliert, zeigt sich, daß nach vierundzwanzig Stunden der Isolation die Bienen ihre soziale Bindung verloren haben. Die Folge ist, daß individuelle Geschmacksempfindung mehr und mehr zum Durchbruch kommt, d. h. die sonst so genügsamen Herbstbienen werden wieder zu Süßschmeckern.

Der Bienentanz fordert auch beim Schwärmen die Stockgenossinnen zu uneigennützigem Handeln auf: Wenn ein Bienenschwarm aus dem Mutterstock auszieht, sammelt er sich zunächst als Traube in der Nähe des Stocks. Ist der Imker nicht gleich zur Stelle, um den Schwarm in eine neue Beute einzuschlagen, ziehen einige Dutzend Spurbienen aus, um die Umgebung nach günstigen Niststätten abzusuchen. Diejenigen unter ihnen, die eine passende Höhle in einem alten Baum, in einer Ruine oder in einem leeren Fuchsbau gefunden haben, fliegen zur Schwarmtraube zurück und zeigen hier die Fundstelle durch einen Schwänzeltanz an, der in gleicher Weise die Richtung und Entfernung des Zieles angibt wie der Tanz der Sammelbienen. Die alarmierten Genossinnen fliegen dann ab und prüfen die gemeldete Niststätte. Sofern sie auch ihnen als neuer Wohnsitz geeignet erscheint, werben sie weitere Quartiermacher an. Als ich in einem Versuch diese tanzenden Spurbienen auf der Traube mit Farbtupfen markierte und ihre Meldungen in ein Meßtischblatt eintrug, wurde ich Zeuge eines wahrhaft selbstlosen demokratischen Verhaltens dieser Quartiermacher. Die Spurbienen meldeten nämlich nicht nur einen, sondern mehrere Nistplätze zu gleicher Zeit. In einem Fall gingen auf der Traube vierundzwanzig verschiedene Meldungen über potentielle Nistplätze ein. Die Frage war jetzt, wie sich denn die 20000 oder 30000 Bienen einer Schwarmtraube einig darüber werden, welcher der angebotenen Nistplätze zu beziehen sei. Der Schwarm kann sich ja nicht teilen, er muß geschlossen mit seiner Königin in eine der angebotenen Wohnungen ziehen. Es hat sich herausgestellt, daß die Entscheidung stets den Spurbienen überlassen bleibt. Sie treffen dabei eine wirklich gute Wahl: Unfehlbar entscheiden sie sich für den *besten* der aufgefundenen Nistplätze. Unter anderem werden dabei Raumgröße, Isolierung gegen Kälte und Feuchtigkeit sowie windgeschützte Lage mit einberechnet. In ihrem Tanz zeigen die Quartiermacher nicht nur die Lage, sondern auch die Qualität der zukünftigen Wohnung an – durch eine abgestufte Lebhaftigkeit und Dauer des Tanzes. Bemerkenswert war dabei, daß auch jene Spurbienen, die zunächst nur mittelmäßige Quartiere anzubieten hatten, sich für die Meldungen ihrer Kolleginnen interessierten, die anderen Plätze prüften und dann selbst für den besten unter ihnen warben. Mit anderen Worten: Die Schwarmspurbienen lassen sich umstimmen; sie beharren nicht hartnäckig auf ihrem anfänglichen Urteil. Nur so ist eine Einigung auf der Schwarmtraube möglich. Erst wenn die Einigung erfolgt ist, zieht der Schwarm geschlossen mit seiner Königin in die neue Wohnung um.

Steckt nicht in diesem Einigungsprozeß von 20 000 Individuen eine Spur Uneigennutz? Ein früher gefaßtes Urteil wird hier dem Votum der Allgemeinheit untergeordnet.

Die Rolle der Sexualität
im Sozialverband

Bei einer kritischen Prüfung der elementaren Bindung in einer tierischen Gemeinschaft, der Bindung zwischen den Geschlechtspartnern, stößt man beim Abwägen ihrer Vorteile sowie ihrer Nachteile und Schwierigkeiten immer wieder auf Spuren von uneigennützigem Handeln. Zunächst sei eine den Laien sicher überraschende Feststellung getroffen: Sexualität ist primär einer sozialen Bindung nachteilig. Männchen und Weibchen stehen nämlich ständig in einem Interessenkonflikt, und zwar aus folgenden Gründen:

1. Ihre gemeinsamen Nachkommen sind nicht mit den Partnern genetisch identisch, wie dies bei der erwähnten Zellteilung oder bei der Parthenogenese der Fall ist. Nur die Hälfte der Gene wird von jedem Partner weitergegeben.

2. Da Männchen generell polygam sind – Monogamie ist die Ausnahme –, gibt es Konkurrenz unter den Weibchen; wem wird das Männchen seine Aufwartung machen? Es gibt auch Konkurrenz zwischen den Nachkommen, die denselben Vater, aber verschiedene Mütter haben – welche Brut wird da benachteiligt sein?

3. Zwar sind die Männchen sehr oft an der Brut-

pflege beteiligt, aber das ist kein Muß; die Regel ist sogar, daß die Männchen nach der Kopulation sich rasch entfernen.

In allen drei Fällen treten also Spannungen zwischen den Geschlechtspartnern auf, die überwunden werden müssen. Hierzu gibt es verschiedene Lösungen:

Die radikalste haben Bienen, Ameisen, Wespen, zum Teil auch Termiten gefunden: Da werden die Männchen gar nicht mehr als echte Kumpane in die Gemeinschaft aufgenommen; sie sind von der Kastenbildung ausgeschlossen, können sich deshalb in keiner Weise am Arbeitsmarkt beteiligen. In aller Offenheit gesagt: Sie leben als Parasiten im Volk! Zwingende Folge ist: Sie werden zahlenmäßig knappgehalten.

Eine andere Lösung bietet sich an, indem die Sexualität ganz oder wenigstens teilweise unterbunden wird. In höchster Vollendung ist dies den vermeintlich primitiven Tierstämmen, den Schwämmen, den Hohltieren, zu denen die Quallen und Korallen gehören, und den Manteltieren gelungen: Bei ihnen ist die geschlechtliche Fortpflanzung ganz in den Hintergrund getreten; sie vermehren sich, wie schon S. 17 erwähnt, in der Hauptsache durch sogenannte Knospung.

Eine weitgehende Unterdrückung der Sexualität ist auch den Bienen und Ameisen durch einen meisterlichen Trick geglückt: In der Fachsprache redet man hier von »Haplodiploidie«; damit ist gemeint, daß aus besamten Eiern immer ein weibliches Tier, die Arbeiterinnen, aus unbesamten Eiern Männchen entstehen. Die Arbeitsbienen besitzen verkümmerte Ovarien, sie verzichten auf Nachkommen; in der Arbeiterkaste der Bienen und Ameisen ist die sozial trennende Kraft der Sexualität gar nicht vorhanden.

Die Spannungen zwischen Männchen und Weibchen können natürlich auch durch den sog. Hermaphroditismus überwunden werden, wobei beide Geschlechter in einem Individuum ausgebildet sind, z. B. bei Schwämmen und Schnecken. Jeder Partner hat gleiches zu bieten, und im Notfall ist auch Selbstbefruchtung möglich.

Die sexuelle Spannung kann vor allem bei Wirbeltieren nur sehr schwer überwunden werden. Hier müssen die Elemente Aggression, Verteidigung und Attraktion in geschickter Weise kombiniert werden, um Männchen und Weibchen aneinander zu binden; dies erfordert eine komplexe Balz.

Eine sexuelle Fortpflanzung ist überdies sehr aufwendig. Die Bildung der Geschlechtsorgane, die Produktion von Ei und Spermien, das gesamte Balzverhalten, die Mechanismen der Geschlechtsbestimmung, wobei ein hohes Maß an Zufall einkalkuliert werden muß, erfordern viel Energie und Zeit. Was die Balz und die sexuelle Bindung betrifft, so mußten Strategien in der Evolution entwickelt werden, die den automatischen Antagonismus zwischen Männchen und Weibchen zu überwinden hatten.

Es sei noch einmal betont (vgl. S. 18), daß der einzige Selektionsvorteil der Sexualität die beschleunigte und erweiterte Neukombination der Genotypen ist. Durch diese genetische Vielfalt wird die Adaptation,

d. h. die Anpassung an die wechselnden Umweltbedingungen, wesentlich erhöht. Eingeschlechtlichkeit würde sich nur an konstante Bedingungen anpassen können. Soweit das nüchterne, ja harte Urteil der Populationsgenetiker. Im folgenden soll an einigen Beispielen dargelegt werden, wie trickreich und einfallsreich im Tierreich die naturgegebenen Hindernisse der sexuellen Bindung umgangen werden. Mit gewisser Erleichterung werden wir dabei auch auf Spuren von Uneigennutz kommen, die schließlich beim Menschen zu echtem altruistischen Handeln führen, wenn es darum geht, Gegensätze der Partner auszugleichen und die Bindung an die Kinder im Familienverband auf viele Jahre zu sichern.

Zunächst seien einige Kavaliersdienste unter den Männchen herausgehoben: Borkenkäfer können ihre Wirtsbäume nur durch Massenbefall bewältigen, weil sich die Wirtsbäume gegen vereinzelte Bohrgänge wirksam durch Harzabscheidung wehren. Die »Pionierkäfer« locken zunächst Artgenossen beiderlei Geschlechts durch Pheromone, nämlich Chinone, an. Schnell ist aber der Zeitpunkt gekommen, wo die vormaligen Kumpel zu Rivalen werden, weil die Besiedlungsdichte zu eng geworden ist. Es ist erstaunlich, wie elegant – mit ausschließlich friedlichen Mitteln – dieses ernste Problem der Übervölkerung gelöst wird.

Erste Maßnahme: Während das Pheromon einzelner Pionierkäfer durch seinen Duft anlockend wirkt, kehrt sich seine Funktion, wenn immer mehr Käfer sich ansiedeln, ins Gegenteil um. Dank der steigenden Konzentration wird der Lockduft zum »Repellent«, zu einem Schreckstoff. Eine solche Wirkung kennt auch die menschliche Nase, z. B. beim Moschus.

Zweite Maßnahme: Da, wo ein Weibchen eine Galerie zu bohren anfängt und gleichzeitig mit seinem Pheromon lockt, postiert sich ein Männchen am Eingang und bewacht seine Partnerin gegen den männlichen Rivalen. Besondere Zirplaute des Männchens dienen als Warnsignale für jedes Männchen, das sich auf bestimmte Entfernung nähert.

Dritte Maßnahme: Auch die Weibchen bringen laufend Zirplaute hervor, wenn sie ihre Bohrgänge anlegen. Diese sollen andere Weibchen, die in der Nachbarschaft zu bohren anfangen, auf Distanz halten: »Hier ist meine Kinderstube, komm mir nicht zu nahe!«

Nach der Paarung, wobei neue Zirpstrophen des Männchens die Balz einleiten, bleibt das Männchen auf seinem Wachposten; es bietet somit auch Schutz für die schlüpfenden Larven.

Recht mühsam ist die Hilfeleistung, die die Männchen mancher Grabwespen ihrem Weibchen zukommen lassen. Zunächst sei in Erinnerung gerufen: Die Weibchen vieler Arten suchen in einem morschen Holzstamm nach einer Bockkäferlarve oder im Boden nach anderen Insektenlarven, stechen sie mit ihrem langen Legestachel an, und zwar so, daß sie in einen bestimmten Nervenknoten ihr Gift injizieren und das Beutetier lähmen; die Larve wird dadurch lebend konserviert, und die Grabwespe legt auf die Beute ein Ei ab. Die schlüpfende Grabwespenlarve mästet sich an der lebenden Konserve, wobei sie – wie von einem gelehrten Zoologen angewiesen – zunächst die »unwichtigen« Organe, Fett und Muskulatur, später dann Herz und Nervensystem anknabbert. Der französische Naturforscher J. H. Fabre hat diese Vorgänge eindringlich in seinem Buch »Wunder des Lebendigen. Aus der vielfältigen Welt der Insekten« dargestellt.

Interessant ist in unserem Zusammenhang vor allem das Verhalten der Männchen einiger australischer Grabwespenarten. Die Weibchen sind seltsamerweise flügellos. Um ein Männchen anzulocken, klettert das Weibchen auf einen Pflanzenstengel und läßt seinen Sexuallockstoff vom Wind verdriften. Das angelockte Männchen faßt das Weibchen und nimmt es mit auf den Hochzeitsflug. Nach der Paarung ist das Männchen mit dem Einsatz all seiner Kräfte bemüht, sein Weibchen reichlich mit Futter zu versorgen. Es schleppt seine Partnerin im Flug von Blüte zu Blüte. Ist dessen Magen gesättigt, dann wird es wieder im Huckepack in ein Gebiet eingeflogen, das eine erfolgreiche Eiablage verspricht, wo also genügend unterirdische Larven – Raupen, Engerlinge, andere Käferlarven – zu finden sind. Bei anderen verwandten Arten saugen sich die Männchen vorher mit Nektar voll; wenn sie dann ein Weibchen gefunden haben, erbrechen sie den Nektar und bieten ihn als Brautgeschenk an. Man hat auch beobachtet, daß die

Freier mit prall gefülltem Magen von den Weibchen vor jenen bevorzugt werden, die nur eine magere Mahlzeit anzubieten haben.

Etwas einfacher ist der Kavaliersdienst bei den Pelzbienen: Die Männchen suchen eine nektar- und pollenreiche Blüte – etwa eine Pfefferminzblüte – auf und bewachen diese gegen männliche Rivalen solange, bis ein Weibchen sich als Gast einfindet. Während dieses sich am gedeckten Tisch gütlich tut, wird die Kopula vollzogen.

Der Hilfsdienst der Männchen ist nicht nur dem weiblichen Geschlechtspartner zugedacht, er kann sich auch auf die Brut ausdehnen. Das Stichlingsmännchen bietet dem Weibchen zum gemeinsamen Ablaichen zunächst ein Nest an, das es sich aus Algen gebaut hat. Damit wird garantiert, daß das Ablaichen am gleichen Ort zur gleichen Zeit geschieht und damit die Befruchtung der Eizellen gesichert ist. Nachdem die Jungen geschlüpft sind, übernimmt das Männchen allein die Fürsorge. Es fächelt dem Schwarm der Jungen Sauerstoff zu und hält sie an einem geschützten Ort im Verband zusammen.

Gemeinsame Brutfürsorge ist bei Vögeln allgemein bekannt, wo sich Männchen und Weibchen gleichermaßen an der Fütterung der Jungen beteiligen. Besonders hervorzuheben ist hier die gemeinsame Brutfürsorge bei den monogamen Männchen. Da Polygamie, wie schon erwähnt, die Regel ist – je häufiger der Partnertausch, um so intensiver die Neukombination in den Erbanlagen zwischen Männchen und

Weibchen –, bleibt die Frage, wie sich dann Monogamie beim Schwan, bei Gänsen, bei Enten überhaupt in der Selektion bewähren konnte. Die Monogamie bietet immerhin einige Vorteile: Ein Schwanenpaar, das bis zu fünfzehn Jahren zusammenlebt, behauptet für diese Zeit auch sein Futterrevier und seinen Nistplatz. Das ist sein Eigentum. In dieser langen Zeit kann das Paar auch seine gemeinsame Erfahrung zu kooperativen Handlungen nutzen – zur Verteidigung seines Besitzes, zum Nahrungserwerb, zur Aufzucht der Brut.

In eingeschränktem Maße gilt dies auch für die häufigere, zeitlich begrenzte Monogamie, die bei den meisten Vögeln anzutreffen ist, wo wenigstens für eine Brutsaison Männchen und Weibchen beisammenbleiben und sich beim Nestbau, beim Brüten, beim Füttern der Jungen unterstützen.

Spuren von Uneigennutz finden wir in einem seltsamen Verhalten der Männchen, das die Wahl durch die Weibchen und das Auffinden des männlichen Geschlechtspartners erleichtern soll. Vielfach kann man beobachten, daß sich Männchen einer Art zu vielen Hunderten oder Tausenden an bestimmten Sammelplätzen zusammenfinden, um die Weibchen leichter anzulocken. Auch wenn sie später als Rivalen nur eine geringe Chance haben, die einfliegenden Weibchen zu begatten, haben sie sich insgesamt für den Fortbestand der Art eingesetzt. Einige Beispiele hierzu:

In den Monaten Mai, Juni/Juli fliegen die Drohnen verschiedener Bienenvölker aus einem Umkreis bis zu

4 km zu bestimmten Balzplätzen, wo sie sich in dichtem Schwarm in etwa 10 m Höhe sammeln und auf die jungfräulichen Königinnen warten, die diese Sammelplätze kennen, sich in den Schwarm stürzen, einen Duftstoff – die bekannte Königinsubstanz – aus der Oberkieferdrüse freigeben, sich damit zu erkennen geben und einen der Drohnen zur Kopula anlocken. Da sich diese Drohnen aus der gesamten Umgebung zusammenfinden, ist auf diese Weise eine Fremdbefruchtung möglich; würden aber die Drohnen einzeln in der Gegend herumfliegen, wäre ein Zusammentreffen der Geschlechtspartner praktisch ausgeschlossen.

Wenn wir vom Frühjahr bis Spätsommer am Waldrand, an einem Teichufer, an einer Feldrainhecke kleine Nebelwolken tanzen sehen, dann sind das Sammelschwärme von Tausenden von Mückenmännchen, die auf solche Weise den Balzplatz für die Weibchen kennzeichnen. Das einfliegende Weibchen wird an dem tieferen Flugton erkannt; wiederum wird nur eines der vielen Männchen zum Zug kommen; aber gemeinsam haben sie das Zusammentreffen der Geschlechtspartner ermöglicht.

Besonders schwer haben es die Hummelmännchen, eine Partnerin zu finden; Hummelvölker sind ja äußerst selten. Da hier wie bei den Bienen eine Begattung im Nest selber ausgeschlossen ist – das wäre ja reine Inzucht! – versammeln sich auch hier die Männchen an bestimmten geographisch ausgewiesenen Plätzen, wie an einem Erdhügel, einem Kartoffelfeld, einem Holunderbusch. Mit Hilfe eines Sekretes ihrer Oberkieferdrüse legen sie Duftmarken an Grashalmen und an Blättern an, wobei sie in wiederholten Rundflügen markante Duftbahnen anlegen. Die jungfräulichen Königinnen kennen diese geographisch ausgewiesenen Plätze und lassen sich von den frischen Duftbahnen anlocken; dort finden sie ihren Partner. Auch hier geht die Mehrzahl der beteiligten Männchen leer aus. Ihr uneigennütziges Verhalten beim Anlegen der Duftbahnen ermöglicht aber das Zusammentreffen der Geschlechter.

Als letztes Beispiel sei die Reitterkrabbe *Ocypode* erwähnt: An der sandigen Küste des Roten Meeres bauen sich die Männchen eine Kopulationshöhle, in die sie ein Weibchen locken. Um diese Höhle nach außen anzuzeigen, wird der ausgeworfene Sand nicht einfach in der Umgebung verstreut, sondern als eine imponierende Sandpyramide dicht am Eingang aufgeschüttet. K. E. Linsenmair konnte zeigen, daß je höher die Pyramide ist, um so wirksamer ist das Werbeverhalten. Die herumwandernden Weibchen werden auf diese Pyramiden aber erst dadurch aufmerksam, daß viele tausend Männchen in einem Revier gemeinsam wahre Pyramidenstädte anlegen. Die Weibchen suchen sich dann die imposantesten Sandhügel aus, um dort ihren Freier zu finden.

Partnerwahl ist – entgegen der landläufig verbreiteten Meinung – im Tierreich ein Vorrecht der Weibchen. Untersuchungen aus jüngster Zeit bringen immer neue Beweise dafür, daß letztlich die Entscheidung beim Weibchen liegt. Zwar werben bei Vögeln die Männchen mit ihrem Prachtkleid, der Stichling mit seinem glänzenden roten Bauch, die Feldgrille mit ihrem lauten, ausdauernden Gesang um das Weibchen – das Weibchen verhält sich aber keineswegs passiv, bis die Kopulation vollzogen ist, sondern trifft aktiv die Wahl, indem es den Tüchtigsten unter den Rivalen heraussucht. Mit erstaunlich scharfem »Blick«, sensiblem Gehör und einem ungemein empfindlichen Geruchssinn wird jener Partner ausgesucht, der die »wertvollsten« Erbanlagen bei der Kopula übertragen wird – wobei die Erbanlagen gemeint sind, die das Überleben, die Fruchtbarkeit, die Anpassung an die gewählte ökologische Nische gewährleisten. Geprüft werden äußere morphologische Merkmale und spezifische Verhaltensweisen, die die Vitalität, den Gesundheitszustand, die Findigkeit bei der Nahrungssuche anzeigen; je prächtiger gefärbt das Gefieder eines Hahnes oder eines Eisvogels, je melodischer und kräftiger der Gesang einer Kohlmeise oder einer Heuschrecke ist, um so wertvoller ist das Erbgut, das dieses Tier zu bieten hat.

Aus jüngster Zeit werden weitere bemerkenswerte Fälle berichtet:

Bei Rauchschwalben kopulieren langschwänzige Männchen schon nach drei Tagen, gewöhnliche erst nach acht Tagen, kurzschwänzige erst nach zwölf Tagen. Beim Witwenvogel werden Männchen, die mit einem besonders langen Schwanz wippen, bevorzugt. Der Sperling zeigt durch einen außerordentlich großen schwarzen Federschopf am Kopf an, daß er einen hohen Testosteronspiegel besitzt, damit eine dominante Position in der Gruppe hat und jederzeit seinen Rivalen ausstechen kann. Bei anderen Vogelarten inspiziert zunächst das Weibchen das vom Männchen angebotene Revier; wer das größte aufzuweisen hat, wird den Vorzug haben.

Die Männchen der Ochsenfrösche versammeln sich im Frühjahr in ihrem angestammten Tümpel und führen dort ihr Quakkonzert auf. Man hat festgestellt, daß nur wenige der größten Ochsenfrosch-Männchen Nachwuchs haben. Nur diese großen, kräftigen Männchen besitzen ein Territorium von 2–7 m im Durchmesser; schwache, kleinere Eindringlinge werden laufend vertrieben. Wie erkennen die Weibchen diese starken Favoriten, zumal man beobachtet hat, daß die Kopula regelmäßig um drei Uhr morgens erfolgt, wenn es noch dunkel ist. Das Weibchen erkennt den stärksten Rivalen nicht optisch, sondern am Gesang: Je größer das Männchen, um so lauter ist sein Quaklaut; die Zahl der Rufe pro Minute ist höher und die Frequenz des Quakens tiefer. Bariton wird also in der Wahl des Partners bevorzugt. Erstaunlicherweise kann das Weibchen dabei auch die Entfernung des Rufes abschätzen, da hohe Frequenzen stärker absorbiert werden.

Dieses Prinzip der Partnerwahl hat natürlich auch seine Schattenseiten: Das auffallende Prachtkleid, der laute Werbegesang locken nicht nur Weibchen der gleichen Art an, sondern auch gierige Räuber, die ihrer Beute auflauern. Wenn die Weibchen unscheinbar gefärbt sind und sich so geschickt an den Untergrund anpassen, wenn sie stumm in ihrem Versteck verbleiben, dann haben sie natürlich weit bessere Überlebenschancen als die Männchen. Solches Dilemma nimmt die Natur durchaus in Kauf: Der Träger des wertvollsten Erbgutes muß sich nicht nur in seinem äußeren Erscheinungsbild als der Überlegene erweisen, sondern auch durch Geschicklichkeit, in seinem schnellen Reaktionsvermögen, in seinem angepaßten Verhalten die Nachteile und Gefahren seiner »Auffälligkeit« ausgleichen können. Schwächlinge und Kranke unter den Männchen oder solche, die von Parasiten befallen sind, erkennt man ohne weiteres an ihrer blassen Körperfärbung, an ihrem müden Gebaren.

Eine weitere interessante Beobachtung ist anzufügen: Haben die Weibchen die Auswahl unter gleichrangigen Männchen, dann bevorzugen sie *ältere* Partner vor den jugendlichen; diese geben nämlich Gewähr, daß sie die Gefahren und Risiken in ihrem Leben – vor allem die Gefährdung durch Räuber – erfolgreich überstanden haben; im Hinblick aufs Überleben haben sie also wertvolle Gene anzubieten.

Das Spannungsfeld zwischen
Eltern und Kindern

Bislang hat man das soziale Verhalten zwischen Eltern und ihren Jungen so gut wie ausschließlich von der Elternseite her betrachtet und studiert: Brutpflege heißt das Stichwort, das ganz allgemein als »Investition« die Eltern für ihre Jungen aufbringen, um ihnen ein Nest zu bereiten, Futter herbeizuschaffen, um sie vor Gefahren zu schützen.

R. L. Trivers hat dieses idealisierte Eltern-Kind-Verhalten einer scharfsinnigen Kritik unterzogen und die Situation einmal von der Seite der Jungen betrachtet. Er kommt zu dem – für den unbefangenen Laien – sicher schockierenden Schluß: Aus soziobiologischer Sicht muß es zwangsweise einen ernsten Konflikt zwischen Eltern und Nachkommen geben. Das Wissen um solche Konflikte wird auch dem Verständnis für ähnliche Situationen in unseren Familien förderlich sein, vielleicht sogar zu einer Lösung führen. Als Grund für solche Konflikte führt Trivers an:

1. Dauer der Brutpflege:
Wer bestimmt, wann die Versorgung der Jungen (z. B. bei Säugern und bei Vögeln) beendet werden soll? Die Antwort scheint einfach: Wenn das Füllen, das Kalb,

das Vogeljunge selbständig Futter suchen kann, wenn der Nesthocker flügge geworden ist. In der Übergangszeit muß aber das Elterntier das Verlangen der Jungen zähmen, so wie es eine sinnvolle Kosten-Nutzen-Bilanz erfordert: Der Nutzen für die Eltern errechnet sich aus der Zahl der durch die gute Pflege erhöhten Nachkommen, also ihrer eigenen Kinder, die ja jeweils die Hälfte ihres Erbgutes weitergeben. Die Kosten sollten aber nicht soviel Energie von den Eltern erfordern, daß die Zahl ihrer eigenen Kinder so weit zurückgeht, daß die Weitergabe des Erbgutes durch die Enkel damit nicht ausgeglichen wird. BARBARA KÖNIG (Würzburg) hat in originellen und ausgedehnten Untersuchungen herausgefunden, daß das Brutpflegeverhalten der Hausmaus – in Abhängigkeit von Jahreszeit, Futterangebot, Populationsdichte u.a. – sehr flexibel ist. In jedem Fall bestimmt die Mäusemutter den Zeitpunkt der Entwöhnung. Quantität der Jungen wird dabei der Qualität vorgezogen. Lieber frühzeitig die Jungen mit einem Mindestgewicht (ca. 9 Gramm!) entwöhnen – so daß das Weibchen schnell wieder zu einem neuen Wurf kommt –, als große, kräftige Junge aufzuziehen, deren Chance, sich selbst fortzupflanzen, mit größerem Risiko behaftet ist als das ihrer Mutter.

Von seiten der Kinder sieht die Angelegenheit anders aus: Zwar wird durchaus – so nach der nüchternen Berechnung des Fachmannes – Interesse bei den Kindern bestehen, daß durch Zeugung weiterer Geschwister die Verbreitung der eigenen Genanlagen in der Familie gefördert wird; andererseits werden die Kinder bestrebt sein, später möglichst viele eigene Kinder zu zeugen, mit denen sie die Hälfte ihrer Gene teilen. Bessere und längere Elternpflege wird die Rate der eigenen Nachkommenzahl erhöhen. Die einschlägige Kosten-Nutzen-Rechnung gilt aber nicht nur für eine zeitliche Begrenzung, sondern auch für die Intensität der Brutpflege: Zu starkes Betteln wird vom Elterntier abgewehrt – es soll ja Energie für das eigene Fortkommen und für weitere Kinder übrigbleiben. Die Jungen suchen die Pflege der Eltern, vor allem vor Beendigung der Futterversorgung so intensiv wie nur möglich zu erbetteln – der größte Konflikt muß daher am Schluß auftreten, wenn die Ansprüche der Jungen am größten sind.

2. Psychologische Manipulation durch die Nachkommen:

Wie kann das Säuger- oder Vogeljunge seine Forderungen durchsetzen? Nicht durch physische Gewalt – es ist ja viel schwächer als die Eltern – sondern auf *psychologischem* Weg. Da das Junge seine Situation – etwa wenn es Hunger hat – besser kennt als die Eltern, signalisiert es diese seine Situation durch Schreien, durch Mimik, durch Schwanzwedeln.

Die Selektion wird aber ein *Täuschungsmanöver* bevorzugen, etwa Schreien ohne Hunger. Die Eltern müssen lernen, echte und getäuschte Signale zu unterscheiden. Je jünger das Junge ist, um so echter wird das Signal sein. Aber auch in dieser Hinsicht hat man ein

Täuschungsverhalten beobachtet: Das ältere Junge gibt Signale von sich, als wäre es noch jünger.

Beim Menschen kann ein Konflikt zwischen Eltern und Kindern auch dadurch entstehen, daß die Eltern sich verantwortlich fühlen, ihre Kinder zu altruistischem Handeln zu erziehen und Egoismus abzugewöhnen, den die Kinder verständlicherweise vorziehen. Sinn und Ziel von Lehren und Erziehen werden daher vom Kind sehr oft mißverstanden, insofern als es nur das Bestreben des Erziehungsberechtigten sieht, die eigene Fitness zu stärken.

Gibt es einen Ausweg, dieses Spannungsfeld zu lindern? *Solidarität* innerhalb der Familie könnte eine Lösung sein – basierend auf dem Einfühlungsvermögen in die Lage der anderen. Hierin sehe ich eine grundlegende Aufgabe der Erziehung. Wenn sie mit der Forderung zur Rückkehr zum einfachen Leben verbunden wird, wären viele der durch unseren materiellen Wohlstand bedingten Konflikte zwischen Eltern und Kindern beseitigt.

Egoismus contra Altruismus?

In den vorausgehenden Kapiteln konnten bei der Schilderung von Vorteilen und Risiken des Zusammenlebens da und dort Spuren von selbstlosem, »altruistischem« Handeln aufgedeckt werden. Der Objektivität halber darf aber die heftige Kontroverse, die in den letzten zwei Jahrzehnten zwischen Soziobiologen, Soziologen, Philosophen, Pädagogen um die Begriffe Uneigennutz, Altruismus, Egoismus geführt wurde, nicht verschwiegen werden. Altruismus, ehedem definiert als uneigennütziges Verhalten, das – zum eigenen Nachteil – einem anderen zum Nutzen gereicht, ist mehrfach bei den erwähnten Fachdisziplinen ins Zwielicht geraten.

Soll ein Naturwissenschaftler, der Ereignisse und Systeme messend und kausalanalytisch untersucht, nicht diese Begriffe vermeiden, die, für sich genommen, eine subjektive Wertung einschließen? Muß man nicht den Psychologen zustimmen, wenn sie altruistisches Verhalten allein auf Motivation, d.h. auf Stimmung, auf Trieb zurückführen? Die Kontroverse hat sich vor allem aufgrund jüngerer Arbeiten angesehener Soziobiologen und Anthropologen verschärft; genannt seien W. D. HAMILTON, R. L. TRIVERS, R. DAWKINS; sie versuchen, die Evolution eines Altruismus bei Tieren ausschließlich von genetischen Anlagen abzuleiten und diese auch als Grundlage für das menschliche altruistische Verhalten auszuweisen.

Der Münchner Naturphilosoph R. Löw meint dazu, Altruismus sei nur auf der Grundlage von Pflicht und Moral möglich; eine evolutionsbiologische Auffassung, wonach altruistisches Verhalten sich in Vorstufen auch im sozialen Leben der Tiere fände, stehe dem Phänomen beim Menschen »logisch quer«. Wenn nämlich selbstloses Handeln als Pflicht, als Moral, als Sollen durch die Gesetze der Evolution entstanden sei, dann hebe sich damit der verpflichtende Charakter des Sollens auf. Altruismus wäre zum Automatismus geworden; Ethik, Religion, Kunst wären dann eine Illusion.

Ich gestehe freimütig, daß der Begriff Altruismus, soweit er für das Tierreich angewandt wird, nicht ganz glücklich gewählt ist. Kein Zweifel, echter Altruismus setzt bewußtes Handeln und freien Willen voraus. Solches können wir bis heute bei keinem Tier nachweisen. Aber ist unser eigenes Handeln vollkommen frei und geschieht es stets in vollem Bewußtsein? Liegen ihm nicht doch im Unbewußten Gesetzmäßigkeiten zugrunde, die im Sozialleben der Tiere seit vielen Millionen Jahren sich bewährt haben? Für den Biologen ist es durchaus legitim zu fragen, ob es in einer Tiergemeinschaft nicht auch wenigstens Spuren uneigennütziger Handlungen gibt; wenn sie unbewußt, anders ausgedrückt: instinktiv ablaufen, wird es eben unsere Aufgabe sein, nach den Wurzeln zu suchen, die diesem selbstlosen, instinktiven Verhalten zugrunde liegen. Letztlich haben wir damit unser Problem auf ein tieferes Niveau herabgesetzt: Wie war es der Evolution möglich, uneigennütziges Handeln als einen reflektorischen Befehl in den genetischen Code einzubauen?

Wenn wir uns auf die bahnbrechende Darwinsche Theorie der Evolution beziehen, dann scheint auf den ersten Blick uneigennütziges Verhalten dieser Theorie zu widersprechen: Nach CH. DARWIN sollen ja die Erbanlagen eine optimale, individuelle »Fitness«, d. h. ein Angepaßtsein jedes Individuums an seinen Lebensraum garantieren. Unbrauchbare Erbanlagen werden durch die Selektion ausgemerzt. Gleichzeitig sorgt diese Selektion dafür, daß durch eine hohe Fortpflanzungsrate das bewährte Erbgut weitergegeben und möglichst weit verbreitet wird. Jedes Verhalten müßte also von *Eigennutz* geprägt sein, um jede Minderung der subjektiven Fortpflanzungspotenz zu verhindern. Je egoistischer ich mein Verhalten ausrichte, um so mehr Nachkommen werde ich zeugen können.

Für Darwin selbst war diese Eingrenzung des Selektionsdrucks auf die »Individual-Fitness«, d. h. also auf die Eignung des einzelnen Individuums, nicht ganz befriedigend. Ihn beunruhigte, daß z. B. im Bienenstaat unter den 60 000 weiblichen Individuen nur ein einziges, nämlich die Königin, fortpflanzungsfähig ist und die vielen Arbeitsbienen auf Nachkommen verzichten. Trotzdem existiert der Bienenstaat seit 40 Millionen Jahren und hat sich von Südostasien aus praktisch den ganzen Erdball erobert. Also muß doch diese Organisation – ein fruchtbares Weibchen, 60000 sterile Arbeiterinnen – für das Überleben und die Verbreitung der Sozialgemeinschaft von Vorteil sein. Die Überlegung Darwins war: Wenn in einer Familie (wie im Bienenstaat) einige Mitglieder steril sind, aber zum Wohlergehen einer fruchtbaren Schwester oder ihrer Mutter beitragen, dann nützen sie auf jeden Fall dem gemeinsamen Erbgut, das sie mit der Königin teilen. Anders ausgedrückt: Die Selektion wird nicht nur an dem fruchtbaren Weibchen, sondern auch auf Familienniveau angreifen; nicht das einzelne Individuum, sondern die Gemeinschaft ist die »unit of selection«, d. h. die Selektionseinheit. Wie wirkt sich dieser Selektionsdruck an der Gemeinschaft im einzelnen aus?

Hundert Jahre nach Darwin hat HAMILTON diese Gedanken weiter ausgebaut. Sein Konzept darf man unter dem klassischen Ausdruck »inclusive fitness«, d. h. Angepaßtsein der Gruppe, zusammenfassen. »Inclusive fitness« setzt aber altruistisches Handeln aller Gruppenmitglieder voraus.

Wenn wir versuchen, Darwins Theorie mit jener von Hamilton zu kombinieren, dann muß sich geradezu zwangsläufig dieser uneigennützige Beitrag des einzelnen um so mehr auf die Gruppenfitness auswirken, je *näher verwandt* die Partner zueinander sind; je höher der Verwandtschaftsgrad, um so mehr gemeinsame Gene tragen sie mit sich und werden diese an ihre Nachkommen weitergeben. HAMILTON hat diese Tatsache sogar in mathematische Überlegungen und Formeln umgesetzt, die für das Verständnis des altruistischen Verhaltens grundlegend sind.

Ausgangspunkt ist der sogenannte Verwandtschaftskoeffizient – r –, d. h. der Anteil der gemeinsamen Gene zwischen zwei Partnern. Zunächst ist festzustellen, daß jedes Individuum mit sich selbst am nächsten verwandt ist; man setzt dafür $r = 1$. Für zwei Geschwister ist dann $r = \frac{1}{2}$, d. h. sie haben die Hälfte ihrer Erbanlagen gemeinsam, da sie von denselben Eltern abstammen. Zwischen Eltern und Kindern ist r ebenfalls $\frac{1}{2}$, zwischen Großeltern und Enkeln $r = \frac{1}{4}$, zwischen Vettern ebenfalls $r = \frac{1}{4}$. Unter Verwendung dieses Verwandtschaftskoeffizienten kann man sogar mathematisch ausrechnen, um wieviel die Fortpflanzungsrate des Partners den Verwandtschaftsgrad übersteigen muß, damit das verlangte altruistische Verhalten auch wirklich der Gruppe zugute kommt. Hierzu ein Beispiel: Zum eigenen Nachteil überläßt ein Orang-Utan-Männchen seinem Bruder den besten Schlafplatz, einen Teil seines Futters, sogar das ihm zugehörige Weibchen; er schützt seinen Bruder vielleicht sogar unter Einsatz seines Lebens. Das mag seine eigene Lebensspanne verkürzen und die Zahl der eigenen Nachkommen einschränken. Aber die Hälfte seiner Gene, die er ja insgesamt mit dem Bruder teilt, hat durch dieses altruistische Handeln eine bessere Chance, sich zu erhalten, neue Kombinationen einzugehen und an die nächste Generation weitergegeben zu werden. Selbst wenn der altruistisch handelnde Bruder überhaupt keine Nachkommen hat, wird er seinem Gen-Pool Vorteil verschaffen, sofern sein Altruismus dem begünstigten Bruder dazu verhilft, mehr als die doppelte Nachkommenszahl zu erzeugen.

Setzen wir K als Koeffizienten von Gewinn und Verlust an Fitness, dann muß $K > \frac{1}{r}$ sein, d. h. der Gewinn muß den reziproken Verwandtschaftsgrad übersteigen – konkret ausgedrückt: die Fitness des begünstigten Bruders muß mehr als verdoppelt, die des Onkels mehr als vervierfacht, die des Vetters mehr als verachtfacht werden.

Auf der Grundlage dieser Überlegungen läßt sich auch die Evolution von Eigennutz erklären: Eigennütziges Handeln muß so stark sein, daß die Verbreitung der persönlichen Erbanlagen in der nächsten Generation entsprechend erhöht wird. Das darf aber keineswegs auf Kosten jener Gene gehen, die man mit seinem Blutsverwandten teilt.

HAMILTON führt als Paradebeispiel für seine Theorie das uneigennützige Verhalten der Arbeitsbienen in einem Bienenvolk an. Wie schon erwähnt, setzt sich der Bienenstaat im wesentlichen aus unfruchtbaren Weibchen zusammen, die ihr Leben lang keine eigenen Nachkommen zeugen. Ihre gesamte Energie und Tätigkeit widmen sie dem Wohlergehen ihrer Schwestern, durch deren Tätigkeit wiederum eine erhöhte Fruchtbarkeit ihrer eigenen Mutter, der Königin, bewirkt wird. Man bedenke, daß eine Bienenkönigin in der Hauptsaison von April bis Juli pro Tag etwa 2000 Eier legen kann, was ihrem eigenen Körpergewicht entspricht; sie zeugt in ihrer sechsjährigen Lebenszeit insgesamt etwa eine halbe Million Nachkommen! Vergleicht man nun nach HAMILTON den Verwandtschaftsgrad der Schwestern untereinander mit dem der eigenen Kinder – wenn sie solche hätten –, dann stellt man verblüfft fest, daß die Arbeiterinnen ¾ ihrer Erbanlagen mit ihren Schwestern gemeinsam haben, mit ihren eigenen Nachkommen hätten sie nur die Hälfte gemeinsam. Dieser Sachverhalt beruht darauf, daß in den Insektenstaaten die Geschlechtsbestimmung einem anderen Mechanismus unterworfen ist als bei den meisten übrigen Tiergruppen. Bei diesen wird die gleiche Chromosomenzahl vom Vater und von der Mutter geliefert, und die X-Y-Chromosomen bestimmen das Geschlecht.

Zunächst interessiert der Verwandtschaftsgrad r unter den Schwestern; er errechnet sich etwa beim Menschen nach folgender Gleichung:

$$r = \frac{1}{2} \times 0{,}5 + \frac{1}{2} \times 0{,}5 = \frac{1}{2}$$

Der Genetiker gibt dazu folgende Erklärung: Links vom Pluszeichen stehen unter ½ die Erbanlagen, die wir von der Mutter, rechts vom Pluszeichen jene, die wir vom Vater mitbekommen. Etwas schwieriger zu verstehen ist der Ausdruck 0,5 auf beiden Seiten: Mutter und Vater hatten von ihren Eltern ja auch je die Hälfte der Erbanlagen von der Großmutter bzw. vom Großvater bekommen. Eine dieser Hälften (0,5) werden sie an ihre Kinder weitergeben.

Ganz anders erfolgt die Geschlechtsbestimmung und die Weitergabe der Erbanlagen bei den Bienen:

Der Evolution ist der große Wurf gelungen, daß sie alle weiblichen Nachkommen mit dem doppelten Chromosomensatz (wie bei den Menschen), die Drohnen aber nur mit dem einfachen Chromosomensatz ausgestattet hat. »Haplodiploidie« haben wir diesen Mechanismus in der Fachsprache genannt; der Verwandtschaftsgrad der Schwestern im Bienenstaat wird nach folgender Gleichung errechnet:

$$r = \frac{1}{2} \times 0{,}5 + \frac{1}{2} \times 1 = \frac{3}{4}$$

Links vom Pluszeichen stehen die Erbanlagen, die von der Königin stammen, rechts vom Pluszeichen jene, die der Drohn bei der Begattung der jungfräulichen Königin mitgegeben hat; $\frac{1}{2}$ zeigt wieder an, daß die Hälfte der Chromosomen von den beiden Vätern stammen, die Ziffer 1 errechnet sich aus der Tatsache, daß dieser Chromosomensatz für alle weiblichen Nachkommen uniform sein muß, da Drohnen haploid, also nur mit einem Chromosomensatz ausgestattet sind. Man kann nicht wählen, ob der eine Satz vom Großvater oder von der Großmutter stammt. Drohnen haben ja keinen Vater, sie haben nur eine Mutter, einen Großvater und eine Großmutter.

Die nüchterne, aber geradezu sensationelle Folgerung aus dieser Berechnung zeigt an, daß die Arbeitsbienen mit $r = \frac{3}{4}$ miteinander näher verwandt sind als sie dies mit ihren eigenen Nachkommen wären, für die sich $r = \frac{1}{2}$ errechnen würde.

Die Verteilung der männlichen haploiden Drohnen und der diploiden weiblichen Arbeitsbienen ist im Bienenstaat nicht dem Zufall überlassen, sondern kann *fakultativ* von der Königin wie folgt geregelt werden: Wenn bei der Eiablage ein Ei den Eileiter hinuntergleitet, dann passiert es eine Öffnung zur sogenannten Samentasche, die die Königin beim Hochzeitsflug mit etwa einer halben Million Spermien gefüllt hat. Diese Öffnung zur Samentasche kann durch eine Samenpumpe freigegeben werden oder verschlossen bleiben. Wird sie freigegeben, dann treten einige Spermien aus der Samentasche heraus und befruchten das vorbeigleitende Ei. Bleibt der Samengang verschlossen, dann wird ein haploides, also ein Drohnenei abgelegt. Bei den Bienen ist also die Geschlechterverteilung nicht dem Zufall überlassen, sondern sie kann willkürlich von der Königin festgelegt werden. Was die Königin ausübt, ist aber keine reine Willkür; ihr Verhalten unterliegt strengen Gesetzen der Geschlechterverteilung; diese schreiben vor, daß sie Drohneneier nur in vorbereitete Drohnenzellen, Arbeiterinneneier in vorbereitete Arbeiterinnenzellen legen darf.

Die Baubienen entscheiden also über die Bestimmung des Geschlechtes. Wie treffen sie denn ihre Entscheidung? Auch sie sind an strenge Gesetze gebunden: Im zeitigen Frühjahr werden neue Drohnenzellen angelegt, um rechtzeitig für den Drohnennachwuchs zu sorgen, wenn die jungfräulichen Königinnen im Mai und Juni zu begatten sind; auch das Verhältnis Drohn zur Arbeiterin muß streng festgelegt sein, etwa 1:1000. Ein Überhang an Drohnen, die sich ja in keiner Weise am Arbeitsmarkt beteiligen, würde den Untergang des Volkes bedeuten.

Ist hier auch eine Spur Uneigennutz zu finden, der das soziale Bedürfnis der Gemeinschaft höher stellt als eventuelle subjektive Bedürfnisse, die vielleicht eine Gleichverteilung der Geschlechter anstreben?

Wenn die Arbeitsbienen auf eigene Nachkommen verzichten, handeln sie genau nach dem Hamiltonschen Gesetz: Indem sie ihre gesamte Energie und Zeit der Pflege ihrer Schwestern, d. h. der Arbeiterinnen, widmen, mit denen sie mit $r = \frac{3}{4}$ verwandt sind, erweisen sie der Verbreitung ihrer eigenen Erbanlagen einen größeren Dienst als sie dies für ihre eigenen Nachkommen täten, mit denen sie nur $r = \frac{1}{2}$ verwandt wären. Die Pflege der Schwestern hat ja wieder als Rückkoppelung die Wirkung, daß die Königin immer mehr Eier legen kann, aus denen wieder Arbeiterinnen, also eigene Schwestern, entstehen.

Kein Wunder, daß das Modell, das HAMILTON für den Bienenstaat zur Stütze seiner Theorie aufgestellt hat, mit Begeisterung aufgenommen wurde. Die Natur läßt sich aber nicht in ein einfaches Schema zwängen; Theorien sind immer anregend, aber es besteht die Gefahr, daß sie die Verhältnisse zu einfach und zu pauschal darlegen. So wurden auch gegen die Hamiltonsche Theorie sehr bald Bedenken und Gegenargumente vorgebracht, die später im einzelnen erörtert werden sollen. Zunächst möchte ich meine persönliche Kritik auf der Grundlage meiner eigenen Arbeit mit den Bienen anführen:

1. Bis vor wenigen Jahren waren die Imker und Bienenforscher der Meinung, daß die jungfräuliche

Königin beim Hochzeitsflug von einem einzigen Drohn begattet würde. Neuere Beobachtungen und Untersuchungen haben aber eindeutig nachgewiesen, daß eine Königin nicht nur von einem, sondern von mehreren Drohnen – bis zu siebzehn – begattet wird. Das kann auf einem einzigen oder auf mehreren Hochzeitsflügen geschehen. Dies bedeutet aber, daß die Verwandtschaft unter den Geschwistern eines Volkes keineswegs homogen ist; in der überwiegenden Zahl sind es eben nicht echte Schwestern, sondern Stiefschwestern, die miteinander leben.

Noch komplizierter sind die Verhältnisse bei verschiedenen Ameisenarten: Man spricht von »Polygynie«, was bedeutet, daß in einem einzigen Ameisenvolk mehrere Königinnen zu finden sind, wobei jede für sich ein unterschiedliches Erbgut einbringen wird. Die Nachkommen leben trotzdem friedlich zusammen; auch da sind die Arbeiterinnen steril und pflegen ihre eigenen Schwestern, d. h. ihre Stiefschwestern, obwohl sie nicht näher miteinander verwandt sind – jedenfalls nicht mit $r = \frac{1}{4}$.

2. Man kann ohne Schwierigkeit eine Gruppe von Bienen oder ein ganzes Volk mit einem fremden Volk zusammensetzen. Der Imker übt diese Praxis regelmäßig aus, indem er zwei schwache Völker, von denen er das eine weisellos gemacht hat, zusammenschüttet. Eine Schwächung des Sozialverhaltens in diesem fremden Volk habe ich nie beobachten können; die fremden Bienen, die also keinen engeren Verwandtschaftsgrad aufweisen, beteiligen sich wie in ihrem Muttervolk bei

der Brutpflege, bei der Bautätigkeit, beim Sammeln von Nektar und Pollen.

Vielleicht sollte man die Begriffe »kin-selection« und »inclusive-fitness« nicht zu eng fassen: Wenn wir sie bis zu den Artgrenzen ausdehnen, ergäbe sich die Möglichkeit eines *stufenweisen Altruismus*, der sich zwar dem Nächstverwandten am stärksten zuwendet, aber auch den Partnern in einer Population und dem Artgenossen insgesamt in abgeschwächter Form zugute kommt. Bei dieser Überlegung lassen sich familien-, sippen-, gruppen- und artspezifische soziale Verhaltensformen unterbringen.

Angesehene Soziobiologen und Anthropologen wie M. J. WEST-EBERHARD, R. ALEXANDER, R. D. CRAEG, C. D. MICHENER, E. O. WILSON und TRIVERS haben ebenfalls Einwände gegen HAMILTONS Konzept erhoben. Zumindest zwei Gegenargumente seien näher erläutert: Nach Trivers ist die fundamentale Einheit für die Gruppenselektion nicht die Gruppe, auch nicht das Individuum mit seinem eigenen Interesse, sondern das Gen, d. h. die Erbeinheit. Nicht die Gruppe, nicht das Individuum, sondern das Gen diktiert das Programm für jedes altruistische Verhalten. Dieses Gen ist bestrebt, seine Information möglichst rasch und möglichst weit zu verbreiten. Man darf ruhig von einem »egoistischen Gen« sprechen, das versucht, im gesamten Genpool einer Population immer zahlreicher zu werden. Das gelingt ihm nur dadurch, daß es die Körper, in denen es sich befindet, so programmiert, daß sie nicht nur überleben, sondern in einer reichen Nachkommenszahl möglichst viele Kopien weitergeben. Daraus läßt sich eine einfache Rechnung aufstellen: Wenn unter Geschwistern, Neffen, Nichten, Cousinen ein Individuum sich opfert, um zehn oder mehr nahe Verwandte zu retten, dann geht zwar *eine* Kopie des Gens, das für altruistisches Verhalten zuständig ist, verloren, aber eine größere Zahl von Kopien des gleichen Gens wird gerettet.

Eine nüchterne Rechnung hierzu: Vetter dritten und vierten Grades haben nur $1/128$ eines altruistischen Gens gemeinsam, Vettern zweiten Grades $1/32$, bei Vettern ersten Grades ist $r = 1/8$; leibliche Schwestern und Brüder sowie Eltern und Kinder teilen sich, wie schon erwähnt, $r = 1/2$; bei eineiigen Zwillingen ist $r = 1$. Onkel, Tanten, Neffen, Nichten, Großeltern, Enkel, Halbgeschwister teilen $r = 1/4$ miteinander. Bei Selbstaufopferung müßten also beispielsweise fünf Brüder oder zehn Vettern, zwei Kinder oder zwei Eltern oder fünf Onkel und Tanten usw. gerettet werden.

Natürlich wird diese mathematische Berechnung bei Tieren und auch beim Menschen vor einer altruistischen Handlung niemals angestellt; bei Tieren erfolgt sie nach einem vorgegebenen Programm. Letztlich ist es das »selfish gene«, das eigennützige Gen, das ein bestimmtes Handeln vorschreibt, das daher *instinktiv* ausgeführt wird.

Hier hebt sich der Mensch als vernunftbegabtes Wesen, das sein Handeln nach freiem Willen entscheiden kann, heraus; er kann sich dem Diktat des eigennützigen Gens entziehen und ohne Rücksicht auf den Verwandtschaftsgrad uneigennützig handeln.

Damit wird aber der Leser selbst an einen Scheideweg geführt: Ist der Mensch wirklich frei in seinem Handeln? Wie weit ist sein Verhalten durch Erbanlagen und Erziehung festgelegt? Wo liegen die Freiheitsgrade, die ihm in einer Alternativsituation eine Entscheidung ermöglichen? (siehe S. 162)

Bleiben wir aber vorerst noch auf dem festen Boden gesicherter Tatsachen und kehren nochmals zu den Bienen und damit zu einem zweiten Gegenargument zurück: Da erklärt M. J. WEST-EBERHARD den Verzicht der Arbeiterinnen auf eigene Nachkommen nicht durch Gruppenselektion; sie sei durch *Manipulation* von seiten der Königin bedingt. Die Bienenkönigin hat in der Tat im Staat eine Machtposition, die es ihr ermöglicht, die Arbeitsbienen derart in Schach zu halten, daß die Entwicklung der Ovarien gehemmt wird und die Arbeiterinnen also steril bleiben. Dies bewirkt ein Zauberstoff, die schon erwähnte Königinsubstanz.

Während also die Hamiltonsche Theorie der Gruppenselektion fordert, daß die Königin gleichsam von den Töchtern dergestalt »manipuliert« wird, möglichst viele Schwestern zu zeugen, liegt der Konkurrenztheorie von WEST-EBERHARD die Vorstellung zugrunde, daß die Königin ihre Töchter zu Sklaven macht, indem sie diese steril hält, damit sie effektiv in den Arbeitsmarkt eingegliedert werden können.

Die vorgelegten drei Theorien zeigen, daß in der lebenden Natur für die Lösung eines Problemes stets verschiedene Wege bereitstehen; die Natur liebt nicht das einheitliche Modell, sondern die Vielfalt im Würfelspiel. In unserem Fall ist es durchaus denkbar, daß die scheinbar kontroversen Theorien ihren Anteil am Geschehen gemeinsam liefern. Je nach Jahreszeit, Volksentwicklung, Klima und genetischer Herkunft mag einmal Gruppenselektion, dann wieder das eigennützige Gen und schließlich Manipulation den Vorrang haben. Es ist durchaus möglich, daß weitere Mechanismen, die wir noch nicht kennen oder erkennen und noch nicht verstehen, beteiligt sind.

Auf den Spuren
des Uneigennützigen –
Weitere Beispiele aus
dem Tierreich

Bevor wir uns der Frage zuwenden, ob der Mensch zu echtem uneigennützigen Handeln fähig und bereit sei, sollen weitere Beispiele aus dem Tierreich angeführt werden, die selbstloses, uneigennütziges Verhalten offenlegen. Uneigennütziges Handeln ist an zwei Bedingungen geknüpft, die dem Laien und oft auch dem Fachmann verborgen bleiben:

1. Die Partner müssen aufeinander zugehen, um sich über ein Handlungsziel zu *verständigen*;

2. Sie müssen darüber hinaus Bereitschaft zur *Kooperation zeigen*.

Es gibt in der Tat elementare Regeln gegenseitiger Verständigung und Kooperation, die ein »Eingehen«, eine Rücksicht auf die Fragen und Befehle des Partners bedingen: »Bist du bereit zur Kopula?«

Durch vorsichtiges Zupfen an einem Signalfaden erkundet z. B. das Männchen der Kreuzspinne, ob das Weibchen genügend gesättigt ist und somit eine Annäherung gewagt werden darf.

»Ich bin hungrig und brauche dringend Futter« – die hilflosen Nestlinge appellieren mit ihren Bettelrufen an einen erhöhten Sammeleifer der älteren Tiere.

»Hilf mir die angreifende Wespe am Flugloch ab-
zuwehren«: Die Wächterbiene fordert damit andere
Stockgenossen auf, ihr bei der Verteidigung zu helfen.

Grundlage für all diese gemeinsamen Tätigkeiten ist,
daß Sender und Empfänger sich gegenseitig aufeinander einstellen: Der Sender muß eine richtige Nachricht
übermitteln, die der Empfänger versteht und ihn in der
richtigen Stimmung anspricht. Der Empfänger muß –
uneigennützig – bereit sein, diese Nachricht aufzuneh-
men und mit einer entsprechenden Handlung zu antworten.

»Sie haben sich nichts mehr zu sagen« – dies ist das
Todesurteil für eine gescheiterte zwischenmenschliche
Beziehung. Der Egoismus hat sich eingeschlichen und
verhindert eine Synchronisierung, die eine harmonische Zusammenarbeit als Ziel hätte. Auch bei Tieren
kann gelegentlich die gegenseitige Verständigung ent-
gleisen und zu einer »entarteten Kommunikation«
führen, die letztlich in Dominanz, d. h. in »Herrschsucht« und Aggression endet (Näheres hierzu siehe
S. 132).

Drei Situationen eindrucksvollen uneigennützigen
Handelns sollen nun vorgeführt werden: gemeinsamer Futteraustausch, Brutpflege, gemeinsame Verteidigung.

1. Gegenseitiger Austausch von Futter

Wiederum zeigen die Insektenstaaten Spitzenleistungen uneigennützigen Handelns: Es sei hier auf den Kropf, den sogenannten Familienmagen, bei Ameisen und Bienen hingewiesen. Ihm kommen drei Funktionen zu, die zur Sicherung und Stabilisierung eines geordneten, harmonischen Zusammenlebens im Staat entscheidend sind:

a) Der von den Sammelbienen eingebrachte Nektar wird unmittelbar nach Rückkehr an alle Stockbienen gleichmäßig verteilt – was eine von ihnen gefunden hat, kommt allen zugute.

b) Durch einen ständigen Futteraustausch unter den Stockbienen wird die Konkurrenz der verschiedenen Trachtplätze getestet.

c) Die Beigabe eines Quentchens Königinsubstanz verhindert die Entwicklung der Ovarien bei den Arbeitsbienen.

Forschungen aus jüngerer Zeit haben auch einen Futteraustausch zwischen den Larven und ihren Brutammen aufgedeckt, dem eine einzigartige lebenswichtige Funktion für den Insektenstaat zukommt: Ist das Nahrungsangebot sehr einseitig – z. B. bei Körner sammelnden Ameisen oder bei Bienen, die im Juli die Zuckerausscheidungen der Blattläuse als Waldhonig einsammeln, dann wird von den Brutammen das nötige Mischfutter aus Kohlehydraten und Eiweiß dadurch präpariert, daß sie eigenes Körpergewebe abbauen und dadurch die nötigen Eiweißstoffe freimachen. M. H. HAYDAK hat nachgewiesen, daß eine solche Selbstzerfleischung der Brutpflegerinnen im Bienenvolk ihre Lebenserwartung erheblich einschränkt.

Das Gegenstück findet man im Hornissennest: Mit dem Fang von Insekten als Beutetieren ist das Nahrungsangebot einseitig auf Eiweiß verlagert. Hier dienen die Larven als »Metaboliten«: Als Gegengabe für das reichliche Eiweißfutter, das die gefangenen Insekten bieten, werden den Imagines, d. h. den erwachsenen Wespen, zuckerhaltige Stoffe angeboten. Auch bei den genannten Ernteameisen dienen die Larven als Metaboliten: Sie liefern Lipase und Proteinase als Verdauungsfermente. Der Königin von *Amblystoma* ist es sogar gestattet, die Larven zu punktieren und deren Lymphe als hochwertige Nahrung abzusaugen.

Die Idee des gegenseitigen Futteraustausches zwischen zwei Partnern oder in einer größeren Gemeinschaft hat die Natur im gesamten Tierreich verwirklicht. Schon bei primitiven Vielzellern, den Nesseltieren, zu denen die berüchtigten Quallen gehören, taucht dieses Prinzip erstmalig auf: Unter ihnen findet man sehr häufig Koloniebildung, wo sich verschieden differenzierte Einzelindividuen zu einem »Polypenstock« durch Knospung zusammenfügen. Da gibt es sogenannte Nährpolypen, die mit ihren nesselbewaffneten Tentakeln Nahrung (z. B. Wasserflöhe) einfangen; in der Nachbarschaft lauern Verteidigungspolypen, die den Mund geschlossen haben und Tentakel als Abwehrwaffen ausstrecken. Schließlich reihen sich in die Gemeinschaft die Geschlechtspolypen ein, die die schirmartigen Medusen ausbilden; sie allein haben Geschlechtsorgane und dienen ausschließlich der Fortpflanzung. Alle Einzelindividuen sind durch das sogenannte Gastrovascular-System, ein Magengefäßsystem, kanalartig verbunden. Die Nährpolypen verdauen in ihrem Magenschlauch die gefangene Beute an Ort und Stelle, und die verdaute Nahrung wird in das Kanalsystem weitergeleitet. Was einer frißt, kommt also allen zugute.

Einzigartig ist die Futterverteilung innerhalb einer Sippe bei den afrikanischen Wildhunden. Die erwachsenen Männchen ziehen gemeinsam auf Jagd, während die Weibchen und die Jungen in den geschützten Verstecken zurückbleiben. Die Beute wird an Ort und Stelle zerteilt, zum Teil verschlungen. Nach der Rückkehr werden die einzelnen Fleischstückchen verteilt oder vor den Daheimgebliebenen erbrochen.

Futterverteilung innerhalb der Gruppe wird auch von Primaten gemeldet. Gibbons und Schimpansen lassen sich zur Futterabgabe auffordern. Wenn Schimpansen einen ergiebigen Fruchtbaum gefunden haben, künden sie dies durch lautes Geschrei an; bis zu einem Kilometer Entfernung kommen dann auch fremde Gruppenmitglieder herbei, um am gemeinsamen Mahl teilzunehmen.

Was in diesem Kapitel über den gemeinsamen Futteraustausch beschrieben wurde, darf natürlich nicht immer dem reinen Altruismus zugeschrieben werden. In der Regel wird Dienst auf Gegenseitigkeit geleistet – der Partner revanchiert sich im positiven Sinn. Dieses

Verhältnis wird als »reziproker Altruismus« bezeichnet; er kommt vor allem dort deutlich zum Ausdruck, wo es sich um obligatorische Verbindungen zwischen artfremden Partnern handelt, wie wir sie in der Symbiose behandeln werden (siehe S. 100).

2. Brutpflege

In der Brutpflege tritt altruistisches Verhalten, das in aller Regel natürlich der Gruppenfitness zugute kommt, eindrucksvoll zutage. Tausendfach ließen sich Fälle von Selbstaufopferung der Eltern für ihre Nachkommen schildern. Sie sind aber allgemein durch umfangreiche Literatur bekannt, so daß hier lediglich einige Besonderheiten aufgezeigt werden sollen. Brutpflege beschränkt sich nicht nur auf Versorgung von Nahrung und Bereiten eines geschützten Nistplatzes. Bei Säugetieren ist die Bindung der Jungen an die Eltern für einige Zeit obligatorisch; an ihnen wurde die interessante Beobachtung gemacht, daß die Jungen vielfach (wie bei Wölfen und Löwen) im Jagen »trainiert« werden. Unter den Vögeln zeigt der Bienenfresser den Jungen, wie man Bienen den Stachel ausreißt. Eine wichtige Aufgabe der Brutpflege ist also die Weitergabe subjektiver Erfahrungen an die nächste Generation. Keineswegs ist die Brutpflege bei Vögeln immer problemlos: Rauchschwalben müssen nicht selten in unserem Klimabereich ihre Jungen verhungern lassen, wenn sie bei anhaltendem Regenwetter nicht mehr genügend Fliegen fangen können. Der Adler, der Kondor, der Albatros bringen es mit Mühe und Not fertig, wenigstens ein Junges pro Jahr aufzuziehen. Der Grund ist auch hier Nahrungsmangel, denn Nahrungssuche ist für sie sehr schwierig. Der Adler streift über 1000 km umher! Nur uneigennütziger persönlicher Einsatz kann das Überleben der Nachkommen sichern.

In unserem Zusammenhang interessieren besonders jene Fälle, wo Mitglieder einer Familie oder einer Sippe auf eigene Nachkommen verzichten und ihren Eltern oder Artgenossen bei der Aufzucht der Jungen behilflich sind. Beim Moorhuhn, beim Hornschnabel u. a. helfen Jungvögel bei der Aufzucht ihrer Geschwister. Bei einigen Affen nehmen »kinderlose« Paare als »Onkel« und »Tante« die Jungen den beschäftigten Eltern ab, spielen mit ihnen und pflegen sie als »Babysitter«. Das erweckt ganz den Eindruck von Uneigennutz, braucht es aber nicht unbedingt zu sein: Makaki-Affen nutzen das »Babysitten« dazu aus, um mit den Jungen im Arm ihren aggressiven männlichen Rivalen zu besänftigen.

Die »Tante« von Rhesus-Affen macht sich als »Babysitter« an eine Mutter höherer Rangordnung heran, geht eine Allianz mit ihr ein und steigt damit im gesellschaftlichen Rang. Junge »Babysitter« können sich im Umgang mit den Jungen üben und sich auf den Ernstfall vorbereiten, wenn sie später selber Junge haben werden.

Vorsicht ist also in der Auslegung von Uneigennutz geboten; daher werden wir auch an dieser Stelle besser von »reziprokem Altruismus« sprechen. Das gilt auch für Fälle, wo junge Waisen adoptiert werden. H. KUMMER konnte für Hamadryasbaboons nachweisen, daß der Pascha damit seinen Harem erweitert.

Einer besonderen Art von Uneigennutz begegnet man bei vielen Arten, wenn sich Männchen einer Population zusammenfinden, um gemeinsam um ein oder wenige Weibchen zu werben – obwohl nur einer oder wenige von ihnen zur Begattung kommen (siehe S. 60). Beim Präriehuhn balzen vierzig oder fünfzig Brüder gemeinsam mit dem bekannten Spreizen der Flügel und der Schwanzfedern um ein einziges Weibchen. Schließlich wird dann dem dominanten Männchen die Begattung überlassen.

Bei einem afrikanischen Frosch *(Chiromantis rufescens)* helfen regelmäßig drei Männchen einem Weibchen beim Nestbau, indem sie ihm beim Schaumschlagen – das Weibchen produziert ein Sekret hierfür – helfen. Aus den bisher vorliegenden Beobachtungen darf man schließen, daß jeweils nur eines der drei Männchen Vater wird.

Wieder stellt sich die Frage, ob diese Hilfeleistung der Männchen oder ihr gemeinsames Balzsignal auf die Blutsverwandtschaft Rücksicht nimmt; bei den Drohnen der Honigbiene, bei Hummelmännchen und bei den balzenden Männchen der Reitterkrabbe ist es mit Sicherheit nicht der Fall.

Eine Bemerkung am Rande: Die Spezialisierung von Körperzellen in einem einzelnen Organismus, die alle den gleichen Chromosomensatz unter sich und mit den Geschlechtszellen teilen, aber ihre lebenslange Tätigkeit dafür einsetzen, daß ihre Schwestern, die spezialisierten Geschlechtszellen, viele Nachkommen zeugen können, hat nur scheinbar mit der Brutpflege nichts zu tun, in ihren Grundzügen zeigt sie jedoch das Prinzip auf, daß eine Hilfeleistung unfruchtbarer Partner bei der Zeugung von Nachwuchs unentbehrlich ist. Die uneigennützige Kooperation der Körperzellen führt zur Selbstaufopferung – sie selbst sterben zu gegebener Zeit ab, die Keimbahn aber ist potentiell unsterblich.

Bereits bei den primitiven Einzellern, den Protozoen, ist diese Art der Kooperation verwirklicht: Das Kugeltierchen *(Volvox)* fügt einige hundert Einzelindividuen zu einer kugelförmigen Zellkolonie zusammen; die meisten unter ihnen sind vegetative Zellen, die mit ihren Geißeln Nahrung einstrudeln. Einige unter ihnen aber differenzieren sich zu männlichen und weiblichen Geschlechtszellen, wieder andere sind fähig, sich zu teilen und Tochterkugeln auszubilden. Eine derartige Tochterkugel wandert in das Innere der hohlen Mutterkugel, ihr Wachstum geht auf Kosten der vegetativen Mutterzellen. Ist die Tochterkugel voll herangewachsen, dann platzt die Mutterkugel, die junge Generation wird befreit, der Rest der Mutterkolonie bleibt – erstmalig im Tierreich – als Leiche zurück.

3. Einsatz des eigenen Lebens
zur Verteidigung der Gemeinschaft

Wenn die Außenwand eines Termitennestes, z. B. bei *Nasutitermes*, aufgebrochen wird, laufen die weichhäutigen, wehrlosen Nymphen eilig ins Nestinnere, und die Soldaten stellen sich wie eine Phalanx am Außenrand auf und wehren fremde Eindringlinge, z. B. Ameisen, energisch ab. Bei verschiedenen Arten, beispielsweise bei *Globitermes sulfurius*, besitzen die Soldaten, wie bereits erwähnt, einen merkwürdigen, nasenartigen Kopffortsatz, in dem ein gelbes Sekret aus Kopfdrüsen gespeichert wird. Bei einem Angriff wird dieses Sekret dem Gegner entgegengespritzt, der Termitensoldat explodiert dabei, opfert sich also selbst auf.

B. Hölldobler und E. D. Wilson schildern auch eindrucksvolle Beispiele von Ameisen, die uneigennütziges Verhalten bis zur Selbstaufopferung vorführen: Es ist ein wahres Todeskommando, das die betagten Arbeiterinnen der Weberameise *(Oecophylla smaragdina)* als Wachposten an die eigenen Territorialgrenzen schickt, wo es ständige Gefechte auf Leben und Tod mit den Nachbarvölkern gibt. »Der prinzipielle Unterschied in der Kriegführung der Ameisen ist der, daß nicht die jungen Männchen ausgeschickt werden, sondern die betagten Arbeiterinnen, nachdem sie ihre Energie bereits für ihre Gemeinschaft verbraucht haben«, schreibt Hölldobler und läßt damit die Frage nach der besseren Strategie offen.

Aufs »Altenteil« wird auch die gefahrvolle Sammel-tätigkeit verlegt: Wenn die Wüstenameise *(Cataglyphis)* tagtäglich auf Beute auszieht, um in der prallen Wüstensonne die Hitzeleichen einzusammeln, kommt dies einem wahren Todeskommando gleich. Abgese-hen von der Gefahr des eigenen Hitzetodes lauern Spinnen und Raubfliegen am Weg. Nur sechs Tage Überlebenszeit haben R. WEHNER und P. SCHMID-HEMPEL für diese Furagiere im Schnitt errechnet; in selbstloser Aufopferung tragen sie jedoch in dieser knappen Frist etwa das 20fache ihres eigenen Körper-gewichtes als Beute ein.

In diesem Zusammenhang müssen auch die Bienen angeführt werden: Sticht eine Biene einen Menschen oder ein anderes Säugetier, so bleibt der gesamte Sta-chelapparat mit seinen Widerhaken in der elastischen Haut zurück; die Folge ist, daß die Biene nach wenigen Stunden verendet. Der Verlust einiger Dutzend Wäch-terbienen fällt für ein Bienenvolk mit 60000 Indivi-duen nicht ins Gewicht, ihre Selbstaufopferung kann aber drohende Gefahr abwenden.

Echten »Harakiri« vollführen die Soldaten der tro-pischen Ameise *Camponotus saunderi*: Ihre Oberkie-ferdrüsen produzieren eine klebrige Substanz in so großer Menge, daß ihre Drüsenlappen bis in den Hin-terleib sich ausdehnen. Bei drohender Gefahr stellt sich das Tier vor den Angreifer, preßt den Hinterleib kräftig zusammen, bis die weichen Hautbrücken zwi-schen den Körpersegmenten platzen und das klebrige Sekret explosionsartig dem Gegner entgegenspritzt und ihn unbeweglich macht – ein Parallelfall also zu den Termitensoldaten.

Was soll man schließlich von jenem merkwürdigen Fall altruistischen Verhaltens bei den Arbeiterinnen vieler Ameisenarten halten? Wie schon erwähnt, verzichten sie auf Nachkommen, aber sie stellen ihre verkümmerten Ovarien noch in den Dienst des eigenen Volkes, indem sie ebenfalls Eier produzieren, die aber niemals zur Entwicklung kommen.

Es sind sogenannte *Nähreier*, die der Königin und den Larven angeboten werden. Um das Uneigennützige dieses Verhaltens voll würdigen zu können, muß man bedenken, daß für eine solche Eiproduktion die wertvollsten Energiereserven im Körper mobilisiert werden.

Allerlei Risiko zur Rettung des Sozialverbandes nehmen die dominanten Männchen in den Sippen mancher Affen *(Baboon, Papio, Rhesus* usw.) auf sich, indem sie auf einem exponierten Aussichtspunkt Wachposten beziehen, während die Gruppe in der Zwischenzeit ruhig nach Nahrung suchen kann. Räuber oder Eindringlinge werden rechtzeitig vom Wächter verjagt. Allgemein übernehmen die erwachsenen Männchen bei einem Angriff die Verteidigung. Das gilt auch für die Herden vieler Huftiere – etwa der Zebras oder der Antilopen –, bei denen die Männchen sich drohend dem Angreifer entgegenstellen.

Einer Selbstaufopferung nahe kommt das merkwürdige Täuschungsmanöver vieler Vogelarten, wenn ein Elterntier bei drohender Gefahr sich schnell vom Nest entfernt, durch auffälliges Verhalten die Aufmerksamkeit auf sich lenkt oder sich sogar scheinbar mit lahmen Flügeln zu Boden fallen läßt und hilflos herumzappelt. Der sich nähernde Feind – z. B. ein Raubvogel – soll dadurch vom Eigelege und von den Jungen abgelenkt werden.

Eine ähnliche Funktion kommt den *Warnrufen* bei Vögeln zu. Hierbei entbrannte eine heftige Diskussion zwischen HAMILTON und TRIVERS, inwieweit dieses altruistische Verhalten einer Gruppenselektion zugeschrieben werden kann. Anstatt bei Annäherung eines Raubtieres, etwa einer Katze, still und leise zu flüchten, wird laut und auffällig gewarnt; das bedeutet, daß mit einem Warnruf die Umgebung aufmerksam gemacht wird. Solche Warnrufe sind aber keineswegs nur an die Blutsverwandten im gleichen Biotop gerichtet; sie sind ja in Frequenz und Melodie nicht artspezifisch, ihr Warnsignal gilt auch über die Artgrenzen hinaus. Das »egoistische Gen« tut sich keinen guten Dienst damit, daß sein Besitzer sich akustisch laut vernehmbar macht, anstatt sich selbst in ein schützendes Versteck zu flüchten. Mit diesem Warnruf werden die nächsten Blutsverwandten auch nicht bevorzugt gerettet, da diese einen Biotop niemals enger besiedeln.

Eine wichtige Rolle für die Rettung des Artgenossen spielt auch die Warnfärbung, die viele Insekten aufweisen: Viele Schmetterlinge, wie die Blutströpfchen, sind sehr auffallend gefärbt; gleichzeitig produzieren sie einen Bitterstoff in ihrer Blutlymphe. Wenn ein

Vogel eines dieser ekelhaft schmeckenden Tiere gefressen hat, wird er beim nächsten Mal sich hüten, noch einmal zuzuschnappen. Er darf aber diese Art nicht mit anderen wohlschmeckenden Beutetieren verwechseln; er wird sich sein Aussehen um so schneller und präziser einprägen, je auffälliger er an Farbe und Musterzeichnung ist. Will man diese Warnfärbung für eine Gruppenselektion nutzbar machen, dann müssen zwei Voraussetzungen gegeben sein:

a) Jedes Tier mit Warnfärbung muß durch sein Verhalten, d. h. durch ein ostentatives Vorzeigen seiner Warnfärbung, bereit sein, sich für seine Population zu opfern.

b) Diese Population muß ihren Biotop möglichst dicht besetzen, ansonsten zahlt es sich nicht aus, ein Mitglied der Gruppe zu opfern. Dies wird in der Tat erreicht, indem diese Arten die Tendenz zeigen, sich in dichten Scharen zu sammeln und nach einem Ausflug – etwa nach der Nahrungssuche – wieder in ihr Territorium zurückzukehren.

Während die Männchen der appetitlichen Schmetterlinge gleich nach der Kopula sterben, leben sie bei bitter schmeckenden Arten noch einige Zeit nach der Reproduktionsphase weiter – die betagte Generation stellt sich also mit ihrer auffälligen Warnfärbung solange wie möglich als lockende Beute für noch unerfahrene Jäger zur Verfügung. Genauso wie Ameisen und Bienen verbringen sie den letzten Lebensabschnitt nicht in geschützter Abgeschiedenheit, sondern sie exponieren sich – unter Selbstaufopferung – den gefährlichsten Situationen.

Zusammenleben über die Artgrenze hinaus: Symbiose und Parasitismus

Mit nur ganz wenigen Ausnahmen (siehe Seite 40) gilt das altruistische Verhalten ausschließlich dem Artgenossen. Auch wenn es sich nicht immer an den engeren Verwandtschaftsgrad hält, dem gemeinsamen Genpool innerhalb einer Art wird es von Nutzen sein und somit der Arterhaltung dienen.

Mit staunenswerter Raffinesse ist es der Evolution gelungen, da und dort die altruistische Idee über die Artgrenze hinaus zu verwirklichen. Da treffen sich zum einen artfremde Partner, um sich zum gegenseitigen Nutzen einen Dienst zu erweisen; zum anderen verstehen es aber auch Parasiten, mit einem artfremden Partner ein Verhältnis einzugehen, das ihm einseitig zu Diensten ist – stets zum Schaden des »Altruisten«. Diese Formen der Vergesellschaftung werden Symbiose und Parasitismus genannt. Verständlicherweise wird die Sympathie des Lesers nur der Symbiose gelten; man sollte aber auch dem Parasiten einige gute Seiten abgewinnen, zumindest ihm das Daseinsrecht auf diesem Erdball zubilligen, wenn es darum geht, das Gleichgewicht in einer Lebensgemeinschaft zu garantieren.

Struktur und Organisation von Symbiose und Parasitismus sind im Prinzip ein Kommunikationsproblem: Die Partner müssen sich *verstehen* und *verständigen*. Verstehen heißt, den Partner, mit dem man ein enges Verhältnis eingehen will, als solchen in seiner Lebensweise zu erkennen; das ist keine einfache Angelegenheit, wenn man bedenkt, daß sich über eine Million Tierarten als potentielle Partner anbieten, sogar Pflanzen – man denke an Blumen und Bienen oder an die vielen Pflanzenschädlinge, die als Kommensalen herangezogen werden. Der Einsiedlerkrebs, *Pagurus arrosor*, sucht sich unter den vielen tausend Seeanemonen allein *Calliactis parasitica* aus.

Die Bienenblumen entfalten jeweils eine spezifische Blütenpracht, um ihre Gäste wie mit einem Wirtshausschild anzulocken; die Blattschneiderameisen haben sich unter den vielen Pilzarten den *Leucoprinos gongylophorus* ausgesucht, den sie in eigenen Kammern erfolgreich züchten und der ihnen die schwer verdauliche Zellulose der eingetragenen Blattstücke aufspaltet. Keinem Gärtner, auch keinem Zoologen ist es bislang gelungen, diesen Pilz außerhalb des Ameisennestes zu züchten; es wird auch in Zukunft ein Geheimrezept der Ameisen bleiben.

Noch problematischer ist die gegenseitige Verständigung: Völlig fremde Signale des Senders sollen den Empfänger zu einer Reaktion, zu einer entsprechenden Handlung, zu einer Antwort veranlassen, auch wenn üblicherweise Sender- und Empfangsapparat streng artspezifisch aufeinander abgestimmt sind. Die

Blattläuse »verstehen« das Kitzeln an ihrem Hinter-leib, das die Ameise mit ihren Antennen ausführt: »Gib ein Tröpfchen Zuckerlösung frei!« Hier läge für junge Zoologen ein weites, zukunftsträchtiges Forschungsfeld zur Bearbeitung frei: Wie konnte der Evolution dieser geniale Wurf gelingen, aus dem Si-gnalrepertoire des Senders jene Semanteme auszu-wählen, die den Nachrichtencode eines artfremden Empfängers ansprechen und zu einer Antwort füh-ren?

1. Symbiose

Aus der geradezu unerschöpflichen Fundgrube »Sym-biose« seien einige Musterfälle als besonders ein-drucksvolle Beispiele angeführt.

a) *Putzerfische laden ihre Kunden in ihre Barbierstube ein*

Etwa 50 Arten von kleinen Fischen ernähren sich da-von, daß sie vom Körper größerer Fischarten die Parasiten: Würmer, Wimpertierchen u. a. ablesen. Die größeren Fische profitieren offensichtlich von der Säu-berungsaktion, und die »Putzer« bekommen eine gute Mahlzeit. Die Beziehung ist also durchaus symbionti-scher Natur. In vielen Fällen öffnen die großen Fische ihr Maul und lassen die Putzer geradewegs hinein-schwimmen; diese stochern ihnen in den Zähnen herum, um dann durch die Kiemen wieder hinauszuschwimmen, die sie ebenfalls sauber machen. Man könnte annehmen, ein großer Fisch sei so listig, daß er abwartet, bis er gründlich gesäubert worden ist, und dann den Putzer verschlingt. Doch statt dessen läßt er den Putzer ungestört davonschwimmen. Man weiß natürlich nicht, ob dies den großen Fisch viel Überwindung kostet; man sollte bedenken, daß in vielen Fällen der Putzer genausogroß ist wie die übliche Beute des behandelten Kunden.

Putzerfische haben besondere Streifenmuster und führen spezielle Tänze auf, die sie als Putzer kenntlich machen. Die großen Fische sehen gewöhnlich davon ab, kleine Fische zu verzehren, die die richtige Art von Streifen besitzen und sich ihnen mit der richtigen Art von Tanz nähern. Sie verharren vielmehr in einem tranceähnlichen Zustand und gestatten dem Putzer freien Zugang zu ihren äußeren und inneren Körperregionen. Jeder echte Putzer hat sein eigenes Territorium, und die großen Fische stehen oft wie Kunden Schlange vor dem »Friseurladen«, um bedient zu werden.

Es darf nicht verschwiegen werden, daß rücksichtslose, ausbeuterische Betrüger sich dies zunutze machen. Es gibt kleine Fischarten, die genauso aussehen und dieselbe Art von Tanz vollführen, um sich sicheres Geleit bis in die Nähe eines großen Fisches zu sichern. Wenn dieser in seinen erwartungsvollen Trancezustand versetzt ist, beißt der Betrüger – statt einen Parasiten zu entfernen – ein Stück aus der Flosse des

großen Fisches heraus und tritt einen hastigen Rückzug an.

b) *Schildläuse und Blattläuse als »Melkkühe«*
für Ameisen

Ein seltsames Verhältnis finden wir zwischen Blattläusen und Schildläusen einerseits und Ameisen andererseits: Die Blattläuse und Schildläuse saugen aus dem
Phloem, d. h. der Saftschicht ihrer Futterpflanzen, im
Übermaß den Zuckersaft, um auf diese Weise die
nötigen Eiweißstoffe und Vitamine zu erhalten, die
nur in äußerst geringer Konzentration vorhanden
sind. Da bleibt natürlich ein immenser Überschuß an
Zuckersaft, der als Glukose, Melezytose und andere
Zuckerarten wieder ausgeschieden wird. Zu diesem
Zweck besitzen die Blattläuse in ihrem Darm einen
hochdifferenzierten Filterapparat, der in seiner Fein-
heit auch die modernsten Trennungsmethoden unserer
chemischen Laboratorien in den Schatten stellt. Was
als Zuckerwassertropfen ausgeschieden wird, ist hoch-
gereinigte Lösung, die von den Ameisen gierig aufge-
leckt wird. Die Wirtsameisen »melken« diese Blattläuse, indem sie, wie erwähnt (siehe S. 102), mit den
Antennen ihren Hinterleib betrillern und damit die
Abgabe eines Zuckertropfens stimulieren. Viele Blattläuse und Schildläuse haben sich diesem Verhalten der
Ameisen sogar morphologisch angepaßt, indem sie um
den Anus einen kreisrunden Haarbüschel ausbilden,
so daß der abgeschiedene Zuckertropfen nicht gleich

nach unten fällt und eintrocknet, sondern von den Ameisen frisch aufgesogen werden kann. Die Blattläuse erfahren als Gegendienst intime Pflege durch die Wirtsameisen: Zur Winterszeit werden die Eier der Blattläuse in das eigene Nest getragen, und im folgenden Frühjahr schleppen die Arbeiterinnen die frisch geschlüpften Nymphen auf die Stämme der Futterpflanzen. Dabei kennen sie genau die zuständige Wirtspflanze, wie sie der fachkundige Botaniker nicht besser diagnostizieren könnte. Besonders bemerkenswert ist, daß bei einigen Ameisen, z.B. *Acropyga* und *Cladomyrma*, die Königinnen beim Hochzeitsflug in ihren Oberkiefern einige Schildläuse mitnehmen und sie in ihrem Nest beherbergen, wo sich deren Nachkommen entsprechend vermehren können. E. WILSON berichtet, daß er selbst mit seinem Kopfhaar durch Reizung der Blattläuse diese »gemolken«, d.h. zur Abgabe eines Zuckerwassertropfens veranlaßt habe. Dies beweist eine hervorragende Anpassung im Verhalten zwischen den beiden symbiontischen Partnern. Diese enge Bindung zwischen Ameisen und Blattläusen hat bei einigen Ameisenarten, z.B. zwischen *Crematogaster* und *Camponotus*, zu einem Dreiecksverhältnis geführt: Arbeiterinnen der beiden Arten benutzen *gemeinsame* Ameisenstraßen, die sie mit ihren Duftdrüsen markieren und die zu den Blattlauskolonien führen. Was man sonst nicht erwarten würde: Diese fremden Arten bekämpfen sich nicht untereinander, sondern betrillern sich freundlich mit den Antennen. Gelegentlich wurde sogar ein Futteraustausch bei der Rückkehr von der Blattlauskolonie beobachtet.

In unseren Monokulturen, z. B. in Kaffeeplantagen, kann dieses symbiotische Verhältnis zwischen Ameisen und Schildläusen sich nachteilig auswirken: Die Schildläuse werden von den Ameisen gegen alle möglichen natürlichen Feinde unter den Insekten verteidigt und nehmen daher als Schädlinge sehr überhand. Die Kenntnisse dieser Symbiose können aber durchaus für eine biologische Schädlingsbekämpfung genutzt werden: In Afrika hat man die Stämme der befallenen Kaffeesträucher mit einem Ameisengift bestrichen. Die gefürchteten Kaffeeschildläuse sind dann nicht mehr gegen die natürlichen Feinde geschützt, und das Gleichgewicht zwischen Feind und Beute ist wiederhergestellt.

c) Winzige Geißeltierchen retten die holzfressenden Termiten vor dem Hungertod

Auch heutzutage sind Termiten noch gefürchtet, weil sie hölzerne Bauteile aushöhlen und dadurch ganze Gebäude zum Einsturz bringen. Um Holz als Nahrung auswerten zu können, siedeln die Termiten in einer eigenen Gärkammer ihres Enddarmes einzellige Geißeltierchen aus der Gruppe der *Polymastiginae* an. Diese winzigen Symbionten strudeln habgierig die von den Termiten zermalmten Holzteilchen in das Zellinnere auf und spalten die Zellulose mit spezifischen Enzymen. Die freiwerdenden Zucker können von den

Termiten verwertet werden; sie verdauen daneben aber auch die anfallenden Leichen aus der Überzahl der Geißeltierchen.

d) Der Anemonenfisch nimmt Zuflucht im Nesselwald einer Seeanemone

Erst in jüngerer Zeit wurde die Anemonenfisch-Symbiose aufgeklärt. Normalerweise wird jeder Fisch, der sich den Tentakeln einer Seeanemone nähert, »genesselt«, d. h. in den Tentakeln explodieren die Nesselkapseln und geben das ätzende Sekret frei. Seltsamerweise halten sich einige Fische der Gattung *Amphiprion* und *Premnas* mitten in dem Tentakelgewirr auf, ohne genesselt zu werden. Das ist natürlich ein vorzüglicher Schutz gegen Angreifer; ihrerseits säubern sie die Anemone von deren Auswurf und von Sand. Es wird auch berichtet, daß der Fisch seiner Anemone Futterbrocken überläßt. Der Nesselschutz ist nicht angeboren. Der Anemonenfisch wird bei der ersten Berührung mit den Tentakeln genauso genesselt wie andere Fische. Er meidet aber in Zukunft diese Tentakel nicht, sondern läßt sich immer wieder nesseln und paßt sich dadurch an seinen Partner an, indem er aus den Hautdrüsen der Anemone einen Schutzstoff übernimmt, den diese bildet, um sich selbst gegen die Entladung der Nesselkapseln zu schützen.

Alle geschilderten Fälle weisen auf »reziproken« Altruismus hin, wobei jeder Partner zum Nutzen des

anderen Partners beiträgt, dafür aber einen Gegendienst erwartet.

e) Symbiose mit unserer lebenden Umwelt –
   die Erde als Lebensraum in der Verantwortung
   des Menschen

Da sich Symbiose seit Millionen von Jahren im Tier-
und Pflanzenreich im gegenseitigen Zusammenleben
bewährt hat, drängt sich die Frage auf, ob nicht auch
der Mensch, der mit Geist und Vernunft die Vorteile
einer solchen Symbiose erkennen und errechnen kann,
die Gelegenheit wahrnimmt, das Zusammenleben mit
anderen Organismen zum gegenseitigen Nutzen auf-
zuwerten. Nur durch eine weltweite Symbiose zwischen den 800 000 Pflanzenarten und den zwei Millionen Tierarten war es möglich, daß diese sich zu einem
sinnvollen Nebeneinander zusammenfügten und jeder
Art ihre ökologische Nische zuteilten. Es hat sich
dabei ein Gleichgewicht in diesem Ökosystem ausgebildet, das jeder Tier- und Pflanzenart eine Existenz-
möglichkeit bietet. Aber dieses Gleichgewicht wird in
jüngster Zeit durch den technischen Fortschritt der
Menschheit tödlich gefährdet. Dabei sollte man nicht
der Technisierung und der Entwicklung der Wissenschaft allein die Schuld zuschreiben. Die eigentliche
Tragik dieser Entwicklung liegt darin, daß mit dem
Fortschritt unsere humane Verantwortung und ein
völkerverbindendes Ethos sich nicht rechtzeitig an die
neuen Erfordernisse angepaßt haben.

Eine Rettung der Erde als Lebensraum kann nur durch einen weltweiten »Kollektiv-Altruismus« gewährleistet werden, der nicht an der Grenze einer Sippe, eines Volkes als »inclusive fitness« haltmacht, sondern unsere Mitbewohner aus dem Tier- und Pflanzenreich in Form einer echten Symbiose miteinbezieht.

Ein Umdenken und eine Umkehr zu einem gemeinsamen uneigennützigen Handeln ist dringend nötig, wenn wir bedenken, daß derzeit jeden Tag eine Tier- oder Pflanzenart ausstirbt – bedingt durch die Verpestung von Boden, Wasser und Luft, durch die ausgedehnten Monokulturen, die den natürlichen Nistplätzen von Vögeln, Wildbienen und Kleingetier keinen Platz mehr lassen, sowie durch das ungestrafte Roden der tropischen Regenwälder, die gerade durch ihren Artenreichtum ein Eldorado der Artenfülle darstellen.

Mit jedem Aussterben einer Art geht unersetzliches Erbgut, ein Schatz von Informationen und von Anlagen, die sich in Jahrmillionen in das Gleichgewicht des Zusammenlebens aller Organismen eingefügt haben, für immer verloren. Hinzu kommt, daß durch die drohende Übervölkerung der Mensch die noch vorhandenen Energiequellen im organischen und anorganischen Bereich hemmungslos ausbeutet und damit jeder Gegenregulation, jeder »Rekreation« den Boden entzieht. Überleben wird nur durch *Solidarität* möglich sein, dadurch, daß wir uns den nachfolgenden Generationen verantwortlich fühlen, daß wir uneigennützig unsere Erde als Lebensraum für alle Lebewesen bewahren.

Grundbedingung für ein Überleben auf einer bewohnbaren Erde ist die Loslösung vom reinen »egoistischen Gen« und die Anerkennung von Normen und Gesetzen im Rahmen einer Weltordnung. Das allein genügt aber nicht: Selbstbeschränkung ist nötig, wenn es darum geht, den gewohnten Luxus abzubauen, der die gesamte Biosphäre unseres Erdballs zu ersticken droht. Nur so wird der Weg frei zu einem Zusammenleben mit unserer Umwelt, das im richtigen Sinne als echte Symbiose verstanden werden darf.

Voraussetzung dafür ist, daß solche Symbiose in die richtigen Bahnen gelenkt wird, daß wir unsere *Kenntnisse* über die Lebensweise und die Erfordernisse der Tier- und Pflanzenarten erweitern. Dann wird sich Sympathie und möglicherweise Begeisterung für die Sorge und Erhaltung der gesamten Lebewelt einstellen und unsere gemeinsame Verantwortung für ein Weltethos wecken.

2. Parasitismus

Auch der Parasit versteht es, sich in die Lebensweise und in die gegenseitige Verständigung einer fremden Art einzuschmuggeln; das Zusammenleben mit dem Wirt beruht aber nicht auf Gegenseitigkeit. Hier hat reiner Egoismus sich durchgesetzt; dafür gibt es im menschlichen Bereich ein übles Schimpfwort: *Schma-*

rotzer – damit wird bei ihm wie auch im gesamten Tierreich angezeigt, daß der Parasit allein, zum Schaden seines Wirtes, Nutzen vom Zusammenleben hat. Wie soll der Zoologe solche Partnerschaft rechtfertigen, die schon vor mehreren hundert Millionen Jahren – im Devon – in Versteinerungen nachgewiesen wurde, und wo von den 40000 in Deutschland bekannten Tierarten 10000, d. h. jede vierte Art, den Parasiten zuzurechnen ist? Es besteht dennoch kein Zweifel, daß die Parasiten ein wichtiges Regelglied zur Erhaltung der »Homöostasis«, des dynamischen Gleichgewichts in einem Lebensraum sind; sie halten die einzelnen Arten in Schach, damit keine von ihnen den Lebensraum übervölkert. Das ist wahrhaftig kein Altruismus, wohl aber Dienst an einer guten, lebenswichtigen Sache.

Ein Plädoyer für den Parasiten möchte ich auch insofern geben, als dieser seinen Wirt immer mit Maß und Ziel ausnutzt. Der Wirt kommt stets – mit ganz wenigen Ausnahmen – mit dem Leben davon. Wäre jeder Befall tödlich, würde sich der Parasit sein eigenes Grab schaufeln, da er meist streng an eine bestimmte Art gebunden ist und diese sehr bald ausrotten würde. Auch wenn Wachstum, Stoffwechsel und Fortpflanzung des Wirtes stark eingeschränkt werden, bleiben immer noch genügend Folgewirte zur Verfügung. Dies gilt auch für den Menschen mit seinen ca. vierzig potentiellen Parasiten; er kann sich außerdem durch ein erworbenes Wissen über die Lebensweise und über die Gefahren drohender Ansteckung erfolgreich zur Wehr setzen. In bewundernswerter Weise verstehen es ja die Parasiten, auf allen möglichen Schleichwegen, z. B. über Zwischenwirte, einen neuen Wirt zu finden. Dieses faszinierende Kapitel der Biologie muß aber hier ausgeklammert werden. Lediglich einige tragische Fälle, die für die Menschheit auch heute noch aktuell sind, werden am Schluß dieses Kapitels beschrieben. Wir beschränken uns im übrigen auf den *Sozialparasitismus.*

a) Überfall auf den Insektenstaat durch fremde Eindringlinge

Die Insektenstaaten bieten dank ihrer weitläufigen Nestanlage, ihrer großen Individuenzahl und ihrer streng angeborenen sozialen Verhaltensweise viele Schwachstellen als ökologische Nische, in die sich artfremde Parasiten einschmuggeln. Da die Aktivität bei Termiten, Ameisen, Bienen und Wespen fast ausschließlich instinktiv festgelegt ist, braucht der Parasit nur den art- und volksspezifischen Code der internen Kommunikation zu brechen, um sich Zutritt zur Gemeinschaft zu sichern.

Das Weibchen der Schmarotzerhummeln, *Psithurus*, ist beispielsweise nicht wie eine normale Hummelkönigin imstande, selbständig ein Nest zu gründen, Futter einzutragen und die eigene Brut aufzuziehen. Das begattete, kräftige Psithurus-Weibchen dringt in ein Hummelnest ein, tötet die Königin und setzt sich an deren Stelle, indem es das gleiche Dominanzverhalten zeigt, wie es einer Hummelkönigin zukommt. Die

Hummelarbeiterinnen lassen sich täuschen, gehen weiter ihrer Tätigkeit nach, ohne zu bemerken, daß sie jetzt eine fremde Königin füttern und deren Nachkommen aufziehen.

Ganz ähnlich ist die Strategie von *Sulcopolistes*, die die Nester der Feldwespe *Polistes* überfällt, in hartem Konkurrenzkampf deren Königin absetzt und von den Arbeiterinnen Futter fordert, indem sie peinlich genau das Dominanzverhalten der angestammten Königin nachahmt. Auch hier wird die eigene Brut von den fremden Arbeiterinnen aufgezogen. Das geht natürlich nur gut, solange noch Arbeiterinnen von *Polistes* vorhanden sind. Wenn sie bis zum Herbst absterben, löst sich der Verband auf. Der Parasit hat aber bereits sein Ziel erreicht: Einige seiner Larven haben sich zu vollreifen Männchen und Weibchen entwickelt. Sie werden sich begatten, und die Königin wird im nächsten Frühjahr wieder auf Eroberung ausziehen.

Den Gipfel einer Erfindungskunst, um auf allerlei Schleichwegen Zugang in ein fremdes Volk zu erreichen, hat der Sozialparasitismus bei Ameisen erreicht. Den Schlüssel für die einzelnen Strategien liefert wieder das ausspionierte Erkennungs- und Verständigungssystem des jeweiligen Wirtes. Das »egoistische Gen« schreckt dabei nicht zurück, durch Betrug und Raubmord sich die fremde Gemeinschaft unterzuordnen und dessen Arbeiterinnen buchstäblich zu Sklaven zu machen.

Ameisen der Unterfamilien *Myrmicinae*, *Dolichoderinae* und *Formicinae* parasitieren vor allem bei sehr sanftmütigen Arten, etwa bei *Formica execta*. Die frisch begatteten Königinnen suchen ein Wirtsnest auf, sichern sich die Adoption, indem sie einige Arbeiterinnen am Nesteingang umbringen und bei dieser Manipulation sich deren Nestduft aneignen. Die Wirtskönigin wird dann getötet. Es kommt auch vor, daß die Arbeiterinnen des Wirtsnestes die eigene Königin töten, weil sie nunmehr der fremden Königin ihre Sympathie zeigen; vermutlich bietet diese ein sogenanntes Aphrodisiakum als Duftkomponente an. Die Nachkommen der fremden Königin werden jetzt von den Wirtsarbeiterinnen aufgezogen. Diese sterben aber allmählich ab, so daß auch die Kolonie der Parasitenkönigin nur begrenzte Lebenszeit hat. Es müssen also frühzeitig geschlechtsreife Männchen und Weibchen herangezogen werden, die dann wieder zum Hochzeitsflug ausfliegen.

Einen besonderen Trick, um von einem artfremden Volk adoptiert zu werden, wendet die Königin von *Formica fusca* an: Sie versucht, in das Nest von *Formica execta* einzudringen; sobald sie aber von den Arbeiterinnen dieser Wirtskolonie angegriffen wird, stellt sie sich tot, streckt die Beine weit von sich und nimmt die Positur der Puppen der Wirtsameise an; in dieser Position wird sie von den Wirtsarbeiterinnen aufgenommen und passiv ins Nest getragen. Dort wird die Wirtskönigin getötet, und der Eindringling beginnt sofort mit der Eiablage.

Nicht minder eindrucksvoll ist das Täuschungsmanöver von *Lasius umbratus*: Die junge Königin nähert sich dem Nest einer anderen Lasiusart, z. B. *Lasius alienus*; sie setzt sich zunächst mit einem Arbeiter dieser Wirtskolonie auseinander, beißt und tötet ihn schließlich. Sie nimmt ihn zwischen ihre Kiefer und rennt mit ihm eine Weile herum, wobei sie ihn wie einen Schutzschild gegen die angreifenden fremden Ameisen herträgt. Allmählich imprägniert sie sich genügend mit dem Duft der Wirtskolonie und kann ungeniert in das Nest eindringen.

Einen Schritt weiter geht *Epimyrma*: Während bisher immer nur ein zeitlich begrenzter Parasitismus in der Wirtskolonie möglich war, da die Wirtsarbeiterinnen aussterben, duldet *Epimyrma* eine Weile die Königin der Wirtskolonie *Lasius* neben sich, das bedeutet, daß immer wieder genügend Arbeiterinnen der Wirtskolonie als Pflegerinnen zur Verfügung stehen.

Eine andere Taktik wendet *Bothryomyrmex* an: Die Königin dringt in eine Kolonie von *Tapinoma* ein, einer Ameise, die im Mittelmeergebiet vorkommt. Die Königin sucht sich den feindlichen Angriffen dadurch zu entziehen, daß sie sich mitten zwischen die Brut verkriecht. Mit längeren Aufenthalten nimmt das *Bothyromyrmex*-Weibchen mehr und mehr den Nestgeruch der Sklavenkolonie an, so daß es sich frei im Nest bewegen kann. Es macht sich zur Alleinherrscherin, indem es der Wirtskönigin den Kopf absäbelt, wofür es den Beinamen »*Decapitans*« erhalten hat. Auch hier wird die Brut künftig von den *Tapinoma*-Arbeiterinnen aufgezogen.

Die Vielfalt dieses Sozialparasitismus mit seinen

Möglichkeiten, sich einzuschmuggeln, kennt keine Grenzen: Die Königin von *Teleuteromyrmex schneideri* klammert sich am Rücken eines *Tetramorium caespitum*-Weibchens fest; die Mundgliedmaßen sind hier so weit rückgebildet, daß sich die Parasitenkönigin nicht mehr selbst ernähren kann. Sie läßt sich zusammen mit der Wirtskönigin ständig von den Wirtsameisen füttern. Die Verbreitung erfolgt so, daß die *Teleuteromyrmex*-Königin nach der Begattung im Nest ausfliegt, nach dem Abwurf der Flügel sich an eine Arbeiterin von *Tetramorium* anklammert und sich von ihr in ein anderes Wirtsnest tragen läßt. Die Parasitenköniginnen haben Hautdrüsen, deren Sekret attraktiv für die Wirtsameise ist, sei es durch den Duft oder seinen Geschmack. Die Königin von *Teleuteromyrmex* wird ständig abgeleckt und damit gleichzeitig sauber gehalten.

Schließlich muß auch die Amazonenameise, *Polyergus rufescens* erwähnt werden. Sie kann mit ihren säbelförmigen Oberkiefern nicht mehr bauen und ist für den Nahrungserwerb völlig untauglich. Auch ihre Instinkte der Brutpflege sind nicht mehr vorhanden, und ihre Tätigkeit beschränkt sich auf Raubzüge und Sklavenjagd. Die geschlechtsreifen Amazonen überfallen ein Nest von *Formica fusca*, rauben die Puppen, kehren mit diesen in ihr eigenes Nest zurück und schieben den schlüpfenden Sklavenameisen ihre eigene Brut unter. Als Sklaven werden auch Ameisen von *Tetramorium caespitum* geraubt, wobei nicht selten die Königin aus dem Nest mitgenommen wird, die weiterhin im Nest der Amazonen geduldet wird, da ihre Nachkommen ebenfalls als Sklaven benötigt werden.

Abschließend sollen noch die Raubzüge der gelben Wiesenameise *Formica sanguinea* geschildert werden. Diese Ameisen ziehen mit großen, säulenförmigen Scharen aus, dringen in das Nest der Sklavenkolonie von *Formica fusca* oder *Formica rufibarbis* ein und rauben die Puppen; wenn aus ihnen die Imagines schlüpfen, werden die Sklaven wie Schwestern akzeptiert. Sie helfen beim Nestbau und Nahrungserwerb und ziehen die fremde Brut auf. Zwei bis drei Raubzüge werden pro Jahr unternommen, und zwar im Juli und August, nachdem die Geschlechtstiere ihr Nest für den Hochzeitsflug verlassen haben. Bis zu hundert Meter kann ein Raubzug ausgedehnt werden.

Die amerikanische Sklavenhalterin *Formica subintegra* wendet eine besondere Kriegslist an: Sie besitzt eine mächtige Duftdrüse, die Dufour-Drüse, die eine Alarmsubstanz absondert. Wenn diese Sklavenhalter mit großem Aufgebot an ihrem Sklavennest ankommen, geben sie aus der Dufour-Drüse das stark duftende Sekret frei, das die Sklavenameisen derart in Verwirrung versetzt, daß sie desorientiert und völlig kopflos aus dem Nest laufen und so den Raubameisen die Puppen freigeben.

b) Brut-Parasitismus bei Vögeln

Einen merkwürdigen Fall von Sozialparasitismus, der heute noch der Wissenschaft allerlei Rätsel aufgibt, finden wir bei Vögeln. Man kennt bis heute etwa achtzig verschiedene Vogelarten, die ihre Eier in fremde Nester schmuggeln und die Jungen von den Wirtsvögeln aufziehen lassen. Darunter befinden sich die Kuckucksvögel, die Witwenvögel und die Honiganzeiger. Allein unter den Kuckucksvögeln sind fünfzig parasitisch lebende Arten bekannt geworden. Sie fallen auf, weil sie einen sehr lauten Gesang haben, der sich dadurch erklären läßt, daß sie in einem Biotop sehr selten sind und sich nur auf solche Weise verständigen können. Der weithin hörbare Ruf des Kuckucks im Mai soll ja ein Weibchen aus der Ferne anlocken. Eine weitere Anpassung besteht in ihrer Findigkeit beim Aufsuchen fremder Nester und im Erkennen des Entwicklungsstatus der Nestlinge. Sind in einem Wirtsnest schon Junge geschlüpft, dann wird dieses Nest zerstört, und der Wirtsvogel wird noch einmal gezwungen, ein neues Nest zu bauen und Eier zu legen. In der Regel werden Krähenvögel als Wirtstiere ausgesucht.

Auf der Suche nach einem frisch belegten Nest muß das Kuckucksweibchen den Wirtsvogel von seinem Nest weglocken. Jede der fünfzig Kuckucksarten hat eine eigene Strategie: Der europäische Kuckuck ahmt im Flug den Sperber nach, der die kleinen Wirtsvögel zur Flucht veranlaßt. Während das Nest unbesetzt ist, wird schnell ein Ei abgelegt. Da begegnen wir schon dem ersten großen Rätsel: Die Eier ähneln in Größe, Farbe und Musterung denen des Wirtes. Man kennt verschiedene Populationen von Kuckucksvögeln, deren Weibchen streng nach Vorschrift ihre Eier nur in die Nester einer bestimmten Wirtsart legt, bei der die Eier ihren eigenen am meisten ähneln. Dabei wählt jede Kuckucksart ihren Lieblingswirt, so daß die Musterung und die Größe der Eier jeweils der Wirtsart entspricht. In Finnland hat man beispielsweise drei Wirtsarten gefunden: *Phoenicurus* legt blaue, ungefleckte Eier, *Fringilla* blaßblaue Eier, die mit auffallenden dicken, rötlichen Punkten versehen sind, *Motacilla* gefleckte, graue Eier. Der genetische Mechanismus in dieser »High-Mimikry« ist heute noch nicht geklärt. Eine Erklärung könnte man in der Annahme finden, daß die junge Generation, also die jungen Kuckucksweibchen, sofort nach dem Schlüpfen auf die danebenliegenden Wirtseier *geprägt* werden und demgemäß später, wenn sie selber auf Nestsuche gehen, den richtigen Wirt aufsuchen. Das setzt aber voraus, daß die genannten Populationen auf Dauer *genetisch isoliert* bleiben. So ist es aber nicht: Die Kuckucksmännchen streunen weit herum und begatten dabei hintereinander Weibchen aus verschiedenen Populationen.

Der Genetiker hat eine Lösung dieses Dilemmas: Bei Vögeln wird das Geschlecht nach einem anderen Mechanismus bestimmt als bei den übrigen Wirbeltieren und beim Menschen: Eine Kombination von XY-

Chromosomen ergibt Weibchen, eine XX-Kombination Männchen (bei Menschen ist es umgekehrt: XX-Kombination ist für Weibchen, XY-Kombination für Männchen bestimmend). Folglich muß die Anlage für Farbe und Musterung des Eies im weiblichen Y-Chromosom eingelagert sein. Ist diese auf solche Weise genetisch fixiert, dann kann eine Prägung des Jungvogels auf die in der Nachbarschaft liegenden Eier des Wirtsvogels durchaus das spätere Verhalten des geschlechtsreifen Weibchens bestimmen.

Bekannt ist das Verhalten der frisch geschlüpften Kuckucksjungen: Mit Vehemenz suchen sie die neben ihnen liegenden Eier oder die noch schwächlichen Stiefgeschwister durch typische, nach rückwärts gerichtete schiebende Bewegungen aus dem Nest zu werfen. Der Honigvogel *Indicator indicator* tötet sogar mit seinem scharfen, hakenförmigen Schnabel die übrigen Nestbewohner.

Wie sich solcher Brut-Parasitismus sogar zu einer Symbiose umstellen kann, zeigt der interessante Fall vom Rindervogel in Süd- und Zentralamerika. Das Weibchen von *Scaphidura* legt seine Eier in das Nest von *Zarhynichus*, der große Beutelnester baut. Der Wirtsvogel wird ständig von einer Fliege belästigt, die ihre Eier in diese Vogelnester legt. Die Larven befallen die jungen Nestlinge, die dabei meist eingehen. Die *Scaphidura*-Weibchen halten sich ständig in der Nähe der Nester auf und schnappen mit Vorliebe nach den Fliegen; sie werden so zu echten Symbionten für ihren Wirtsvogel.

Wie kommt der Mensch mit seinen ungebetenen Parasiten zurecht bzw. wieso ist er trotz aller Hygiene, trotz wissenschaftlichen Fortschritts nach wie vor seinen Parasiten hilflos ausgeliefert? Die Raffinesse der Übertragungsmechanismen und der Anpassung an die ökologische Nische Mensch und nicht zuletzt die Unkenntnis und der Leichtsinn ermöglichen diesen lästigen und gefährlichen Gästen das Weiterleben.

Einige wenige Beispiele mögen den Ernst der Situation auch für uns Menschen darlegen.

Ein einziger Stich der Fiebermücke oder der Tsetsefliege kann Erreger der Malaria und der Schlafkrankheit übertragen; beim Verspeisen eines schlecht geräucherten Bücklings kann man ohne weiteres auch heute noch die Larven des Fischbandwurms aufnehmen; ein unbedachtes Fußbad in einem Tümpel in Afrika oder Brasilien lockt die Larven der Bilharzie an, eines heimtückischen Parasiten, der derzeit etwa 200 Millionen Menschen weltweit plagt.

Wie hat die Natur es verstanden, die mit einem äußerst großen Risiko behaftete Übertragung auf den eigentlichen Wirt »Mensch« zu sichern? Als Transportgefährt hat sie einen Zwischenwirt eingeschaltet: Als Malariaüberträger fungiert die Fiebermücke *Anopheles,* ein Krebschen und ein Fisch sind die Zwischenwirte für den Fischbandwurm, eine Wasserschnecke für die Bilharziose. Ist die Übertragung auf diese Zwischenwirte gelungen, dann werden auch diese geschröpft: In dem erwähnten Zwischenwirt Schnecke beispielsweise wandeln sich die Larven in eine zweite oder gar dritte Generation um und vermehren sich lebhaft, so daß von einem einzigen Parasiten bis zu 80 000 Nachkommen aus der Schnecke ausschwärmen. Das ungeheure Risiko, das einer Wirtsfindung entgegensteht, kann nur durch eine gewaltige Nachkommenzahl wettgemacht werden. Man bedenke, ein Fischbandwurm, der mit 10 m Länge den menschlichen Darm bewohnt, entläßt täglich mit dem Stuhl an die 3 Millionen Eier. Bei einer Lebensdauer von gut fünfzehn Jahren ergibt sich also eine ansehnliche Nachkommenzahl.

Für die Erhaltung der Art genügt es, wenn nur wenige Sprößlinge überleben und zur Geschlechtsreife in einem neuen Endwirt kommen. Das übrige Heer bleibt auf dem Schlachtfeld. Millionen von Artgenossen haben sich also den widrigen Umständen und dem bösen Zufall »uneigennützig« ausgesetzt.

Mit der Wirtsfindung sind aber noch längst nicht alle Hürden für den Parasiten genommen: Sobald er in den Wirt eingedrungen ist, müßte er als Fremdkörper im Blut oder im Gewebe sofort der Immunabwehr zum Opfer fallen. Das Überleben verdankt er der Fähigkeit – um die sie unsere Transplantationschirurgen beneiden –, sich zu tarnen: Der Malariaerreger, der die roten Blutkörperchen befällt, baut in seine Körperdecke Eiweißmoleküle ein, die denen des Wirtes so ähnlich sind, daß dieser sie nicht mehr als fremd erkennt und daher keine Immunreaktion einleitet.

Noch eleganter weiß sich die Bilharzie, der Erreger der Bilharziose aus der drohenden Immunschlinge zu ziehen: Er holt sich aus der Gewebeflüssigkeit des Wirtes dessen Antigene und setzt sich damit eine Tarnkappe auf, die ihn als körpereigenes Organ maskiert.

Im Zeitalter des Massentourismus ist auch für den Europäer die Infektion durch die Erreger der Malaria, der Schlafkrankheit, vor allem der Bilharziose aktuell geworden. Wenn man ihre Lebensweise kennt, kann man eine Übertragung verhindern. Sie sei hier für die Bilharziose beispielhaft geschildert: Da wo diese furchtbare Seuche heimisch ist – in Mittel- und Südafrika, in Brasilien, in China, in Japan und in Südostasien – kommen die Eier mit dem Urin und dem Stuhl der Menschen ins Wasser und verseuchen Tümpel, Teiche und Flüsse. Das Nildelta ist davon besonders stark befallen.

Aus den Eiern, die da zu Millionen auf dem Grund der Teiche herumliegen oder im Nil mitgeschwemmt werden, schlüpfen bewimperte Larven, die aktiv eine Wasserschnecke als Zwischenwirt aussuchen. Wie schon erwähnt, vermehren sich diese Larven in einer zweiten und dritten Generation, bis schließlich die herangereiften »Gabelschwanzlarven« in Massen aus der Schnecke ausschwärmen und die Gewässer zu Milliarden und Abermilliarden verseuchen. Diese Gabelschwanzlarven, die mit einem Ruderschwanz versehen sind, suchen aktiv einen Menschen als Endwirt auf. Voraussetzung ist, daß dieser mit nackten Füßen oder beim Waschen seine Hände ins Wasser streckt, wobei Fettsäuren und Cholesterin aus der Haut freiwerden und die Gabelschwanzlarven anlocken. Sie bohren sich aktiv durch die Haut, werfen den Ruderschwanz ab und suchen gezielt die Blutgefäße des Urogenitalsystems bzw. der Pfortader auf. Mit ihrem Saugnapf reißen sie Gewebefetzen aus der Gefäßwand und verursachen dabei jahrelang die bekannten Krankheitsbilder: Etwa fünf Wochen nach der Infektion treten Fieberschübe, Abgeschlagenheit, Nacken- und Gliederschmerzen auf.

Es ist kein Ruhmesblatt in der Geschichte der Menschheit, daß sie auch im Zeitalter der Hochtechnik noch hilflos der Bilharziose gegenübersteht. Zugegeben, es wären sehr große Anforderungen zur Bekämpfung nötig; es wird nicht möglich sein, mit Hilfe besonderer hygienischer Einrichtungen die Abgabe von Urin und Kot in die Teiche und Flüsse zu verhindern, aber durch breite Information sollte es möglich sein, die Einheimischen zu überzeugen, es sei nicht ratsam, in Teichen und Flüssen zu baden und mit nackten Armen die Wäsche im Wasser zu schwenken. Hier steht noch ein weites Betätigungsfeld für echte Entwicklungshilfe offen, wobei uneigennützige Aufklärung an erster Stelle stehen müßte.

Betrug und Spionage

Wurde im vorausgehenden Kapitel die Bedeutung der Parasiten für die Erhaltung des Gleichgewichts in einem Lebensraum hervorgehoben, so sollen nun Beispiele von »entartetem« Eigennutz angeführt werden, die uns Menschen als Betrug oder als Spionage erscheinen. Auch dieses scheinbar entartete Verhalten, das zunächst Entrüstung auslöst, erfüllt wichtige Aufgaben bei der Arterhaltung und im Sozialverband.

1. Betrug unter Artgenossen

Der männliche Fliegenschnäpper ist seit eh und je als »Mustergatte« beschrieben worden; er bewacht energisch sein Territorium, das Nistplatz und Futterquellen umfaßt. Das Weibchen läßt sich von seinen Balzrufen ins Revier locken; nachdem es dieses Revier inspiziert und als geeignet befunden hat, wird gemeinsam ein Nest gebaut, gemeinsam werden die Eier bebrütet und die Jungen gefüttert.

Eine umfassende Bestandsaufnahme brachte in letzter Zeit eine Überraschung: In ca. 15 Prozent war das Nestgelege vom Männchen verlassen worden; es hatte die Aufzucht der Brut der Witwe überlassen, die ihr

Bestes versuchte; sie brachte von durchschnittlich fünf Jungen aber bestenfalls drei Junge durch. Das Männchen hatte sich in der Zwischenzeit in der Nachbarschaft umgesehen, ein neues Revier in Besitz genommen und sich ein zweites Weibchen angelockt. Nachdem das gemeinsame Nest mit Eiern belegt war, wurde dieses Weibchen wieder alleingelassen. Das Männchen kehrte zu seinem ersten Weibchen zurück, es gab ein zweites Gelege, und die Jungen wurden jetzt gemeinsam gefüttert. Das streunende Männchen kann aufgrund seiner Seitensprünge durchschnittlich neun Nachkommen pro Jahr verzeichnen anstatt jener fünf Jungen, die die monogamen Männchen mit ihrem einzigen Weibchen aufziehen. Solches Verhalten kommt natürlich der Verbreitung des »egoistischen Gens« zugute.

Einem echten Betrug kommt die Strategie der Männchen mancher Raubfliegen gleich, die mit Erfolg versuchen, einer üblichen »Kavalierspflicht« zu entgehen. Seit langem ist es bekannt, daß die Männchen der meisten Raubfliegenarten zur Balz ein Brautgeschenk mitbringen, eine gefangene Fliege als Beute, an der sich das Weibchen gütlich tut; währenddessen vollzieht das Männchen die Kopula (und entgeht damit der Gefahr, selbst als Beute gefressen zu werden). Gelegentlich findet man Männchen, die buchstäblich »aus der Art schlagen«. Sie verkleiden sich als Weibchen, indem sie mit ihrem Flügelschlag alle weiblichen Lockreize entfalten; ein mit Beute vorbeifliegendes Männchen läßt sich täuschen, bietet sein Brautgeschenk an in der

Erwartung, daß anschließend die Kopula ordnungsgemäß ablaufen wird. Weil daraus nichts wird, kommt es zu einer Machtprobe, wer die Beute endgültig besitzen wird. Diese fällt selbstverständlich dem Stärkeren zu; er wird sofort mit der eroberten Beute auf ordnungsgemäße Brautschau fliegen.

Der Zoologe – zunächst vielleicht selbst entrüstet über solchen Betrug – versucht natürlich, die biologische Bedeutung, d. h. den Selektionswert, dieses Verhaltens herauszufinden: Der stärkere Rivale spart Energie für den aufwendigen Beutefang und sichert sich so auf billige Weise bessere Fortpflanzungschancen.

2. Spionage – Betrug über die Artgrenzen hinaus

Als Ergänzung zu dem, was über Parasiten berichtet wurde, sollen noch zwei Fälle von »Spionage« dargelegt werden. Es sind Fälle von raffiniertem Betrug, um sich Zugang zum Verständigungszeremoniell einer anderen Art zu verschaffen und dort als Gast, als Dieb, als Räuber, sogar als Mordgeselle Vorteil für sich zu holen.

Durch B. HÖLLDOBLER ist ein Stutzkäfer, *Atemeles pubicollis*, der sich mit Raffinesse als Spion in ein Ameisennest einschmuggelt, zu einer gewissen Berühmtheit gelangt. Um sich Zutritt zu verschaffen und als Gast aufgenommen zu werden, hat dieser Stutzkäfer sich mit einer Tarnkappe aus verschiedenen Duftdrüsen ausgestattet. Er nähert sich einem Nest der Waldameise und wird natürlich sofort von den herauslaufenden Ameisen angegriffen; die Aggressivität wird aber unterbunden, indem der Käfer ein Sekret aus der sog. *Besänftigungsdrüse* auf seinem Rücken anbietet. Dieses Sekret kommt einem mehrfach erwähnten Aphrodisiakum, also einem Rauschmittel, gleich. Anschließend treten die sog. *Adoptionsdrüsen* in Funktion; sie sitzen aufgereiht dorsal an der Seite des Abdomens; dieses Sekret hat offenbar große Ähnlichkeit mit einer Duftkomponente der Wirtsart. In der Tat wird jetzt der Käfer als Nestgenosse adoptiert; er kugelt sich ein und löst damit – so unwahrscheinlich es scheinen mag – ein Trageverhalten aus: er läßt sich von der Wirtsameise in ihr eigenes Nest tragen.

Um hier zu seinem Futter zu kommen, wendet *Atemeles* genau das Bettelverhalten seines Wirtes an, indem er zunächst die Wirtsameise mit den Antennen betrommelt und so ihre Aufmerksamkeit erweckt. Dann beklopft er lebhaft mit den Vorderbeinen und mit den Oberkiefern die Mundgegend der Ameise, was diese veranlaßt, Futtersaft zu erbrechen. Insgeheim werden zwischendurch Eier in das Nest des Wirtes abgelegt. Wenn dann die Larven schlüpfen, wird es kritisch: Man könnte meinen, daß diese zarthäutigen Larven als fremde Organismen eine willkommene Beute für die Ameisen sein müßten; ganz im Gegenteil, die Larven werden nicht nur nicht aufgefressen, sondern von den Brutammen sogar sorgsam gepflegt und sauber gehalten. Dieses Körperpflegeverhalten löst wiederum ein Drüsensekret aus, das in einer Doppelreihe von Dorsaldrüsen gespeichert ist. Mit Hilfe von Isotopen konnte man nachweisen, daß dieses Sekret in der Tat vom Wirt als Aphrodisiakum aufgenommen wird; wenn man die Dorsaldrüsen mit Schellack verklebt, werden die Larven nicht mehr als Gäste erkannt, sondern als Fremdkörper auf den Abfall getragen oder aufgefressen. Auch die Larven imitieren in erstaunlicher Exaktheit das Bettelverhalten ihrer Wirtslarven, indem sie mit ihren Mundteilen, d. h. mit Mandibeln und Maxillen, die Mundöffnung der Ammenameise beklopfen; HÖLLDOBLER wies nach, daß die Gäste dies sogar intensiver und erfolgreicher tun als die Wirtslarven. Sie bekommen dann in der Tat auch mehr Futter – und das kann eine sehr ernste Konkurrenz für die Wirtslarven bedeuten. In diesem Fall tritt aber eine Gegenregelung ein: Wenn die Käferlarven im Brutbezirk des Wirtes zu sehr überhandnehmen, macht sich unter ihnen Kannibalismus breit, d. h. die gefräßigen Käferlarven fressen sich zum Teil gegenseitig auf.

Atemeles pubicollis schleicht sich also nicht als Räuber oder als Dieb in eine Ameisenkolonie ein; er legt sich ein chemisches Mäntelchen um, das ihm ermöglicht, als willkommener Gast adoptiert zu werden; auch seine Larven verstehen es, mit ihren Parfümfläschchen am Rücken die Aggressivität der Wirtsameisen abzublocken. Sowohl Käfer als auch Larven verstehen es, mit dem exakten Bettelzeremoniell des Wirtes zu Futter zu kommen. Nebenbei bemerkt, der

Spion behandelt seinen Wirt auf schonende Weise, indem er durch Kannibalismus die Zahl seiner Nachkommen in Schranken hält.

Ein ernsterer Spionagefall, dem regelmäßig ein Mord folgt, ist bei einigen Arten der Leuchtkäfer anzutreffen. Während unsere einheimischen Leuchtkäfer (z. B. *Lampyris noctiluca*) durch ihre Weibchen ein einförmiges Leuchtzeichen geben, womit die Männchen angelockt werden, bietet sich in den tropischen Gegenden Mittel- und Südamerikas in den lauen Nächten ein einzigartiger Feuerzauber, den die Männchen verschiedener Arten zeigen: Unablässig geben sie im Flug ihre Signale ab, jede Art mit eigenem Rhythmus und in verschiedener Intensität. Die blinkenden Morsezeichen werden in eigenen Leuchtorganen erzeugt und vom Zentralnervensystem in strengem Rhythmus kontrolliert. Die Weibchen antworten im festgelegten Takt auf das Blinkmuster ihres artgemäßen Partners und können auf diese Weise von den Männchen gefunden werden.

Die Weibchen der Gattung *Photuris* sind zu »femmes fatales« geworden; sie antworten zwar zunächst, wie es sich gehört, auf das Blinkzeichen ihrer eigenen Männchen, um die ordnungsgemäße Begattung durchführen zu lassen; dann aber, ehe sie zur Eiablage schreiten, werden sie zu Mörderinnen, indem sie auf das Morsezeichen der Männchen von *Photinus*, also einer anderen Gattung, antworten. Sie locken diese Männchen zu sich zu Boden und fressen sie anschließend auf. Für die Weibchen von *Photuris* kommt es darauf an, präzise das Zeitintervall zwischen dem Morsezeichen der Photinusmännchen und ihrer eigenen Antwort zu beachten. Die Zwischenphase beträgt nur Bruchteile einer Sekunde. Zur Rechtfertigung der *Photuris*-Weibchen sei angefügt, daß diese sich jeweils mit dem Verspeisen von zwei Männchen zufriedengeben. Dabei kommt es offenbar nicht allein auf das Nahrungsangebot an, das für die spätere Eiablage als Reserve dienen soll; gleichzeitig wird von den *Photinus*-Männchen ein Bitterstoff angeboten, den die *Photuris*-Weibchen nicht besitzen und der sie danach gegen Räuberfraß schützt.

Die Gattung *Photuris* weist noch einen Sonderfall von Spionage auf, der nicht auf fremde Artgenossen, sondern auf die eigene Art gemünzt ist. Für die *Photuris*-Männchen, die stets in der Überzahl sind (etwa 100 zu 1), ist es schwierig, ein Weibchen ihrer Art zu finden. Um leichter zum Ziel zu kommen, überlisten sie ihre Weibchen, indem sie das Blinkzeichen der *Photinus*-Männchen simulieren. Wie schon geschildert, wird das eine oder andere *Photuris*-Weibchen entsprechend antworten in der Erwartung, daß ein *Photinus*-Männchen angelockt wird. Wenn dann das *Photuris*-Männchen erscheint, gibt es entsprechende Überraschung – niemals darf ein artgemäßes Männchen aufgefressen werden –, und so kann es noch einmal zu einer Kopulation kommen.

Dominanz und Aggression

Das Wesen von uneigennützigem Handeln kann man erst würdigen, wenn man dessen (scheinbare) Gegenspieler Dominanz und Aggression in die Betrachtung miteinbezieht. Die Beziehung zu unserem Thema wird mit dem Umstand klar, daß auf der einen Seite Herrschsucht und Aggression und auf der anderen Altruismus einander die Waage halten, wenn es darum geht, die verschiedenen Lebensräume dieser Erde sinnvoll zu nutzen.

1. Absolute und relative Dominanz

Dominanz – man könnte auch von Hierarchie sprechen – ist ein System, das Aggressivität und Unterwürfigkeit zwischen den Individuen eines Territoriums langfristig im Gleichgewicht hält. Die einfachste Form solcher Hierarchie ist der sogenannte *Despotismus*: Ein einzelnes Individuum hat die Herrschaft über alle anderen Glieder der Gruppe, wobei unter den Nachgeordneten keine weitere Rangordnung besteht. Das ist aber eine Ausnahme. In der Regel gibt es eine *Rangordnung*, die linear verläuft, d. h. ein Alpha-Individuum steht über allen anderen. Das Beta-Individuum beherrscht alle mit Ausnahme des Alpha-Tieres usw. bis hinunter zum Omega-Individuum, dessen Existenz nur dadurch gesichert ist, daß es den anderen aus dem Weg geht. Gelegentlich wird dieses Aschenbrödel aber auch unterstützt, wenn es angegriffen wird – ein noch höherrangiges Tier steht ihm dann zur Seite.

Man unterscheidet zwischen *absoluter* und *relativer* Dominanz. Absolute Dominanz gilt für alle Lebenssituationen; bei einer relativen Dominanz kann die Hierarchie tagsüber auf die Futtersuche und nachts, wenn man sich zum Schlafen legt, auf den Schlafplatz bezogen sein. Bei Katzen darf das dominante Männchen niemals den Schlafplatz seiner unterlegenen Weibchen einnehmen; man spricht hier von einer räumlichen Dominanz.

Bei verschiedenen Hummeln-, Wespen- und Ameisenarten kann die Dominanz im *Nest* sehr streng organisiert sein; aber außerhalb des Nestes gilt die Gleichberechtigung. Ein seltsames Dominanzverhältnis hat KUMMER bei Hamadryas-Affen *(Papio hamadryas)* beschrieben: Ein junges Männchen sucht Adoption bei einem dominanten Männchen, das sich als Haremsbesitzer ausgewiesen hat. Die Adoption gelingt durch Unterwürfigkeitsgebärden. Es übernimmt anschließend eine Funktion als Wachposten und muß gelegentlich herumstreunende Weibchen wieder zusammentreiben. Dem Boß bleibt aber stets das letzte Kommando. Wenn dieser älter wird, kann das adoptierte Männchen sich an den Harem heranmachen und schließlich die Nachfolge seines Besitzers übernehmen.

In einer Gruppe wird die Hierarchie durch optische, akustische und geruchliche Signale ständig angezeigt: Das dominante Männchen in einem Wolfrudel hält seinen Kopf hoch, Ohren und Schwanz sind gesträubt, es drängt die anderen Gruppenmitglieder zur Seite. Auch das dominante Männchen des Rhesusaffen zeigt seine Position, indem es Kopf und Schwanz hochhält, die Körperbewegungen sind majestätisch und langsam, es sieht ständig überlegen auf seine Untergebenen herab.

Bei Schaben wird die dominante Position unter Männchen nach einem strengen Zeremoniell festgelegt: Zunächst schlagen die Rivalen mit ihren Fühlern heftig aufeinander, rammen, beißen und umklammern sich; schließlich drückt sich der Unterlegene flach zu Boden, während der Dominante sich hoch aufrichtet. Eindeutig wird das dominante Männchen von den Weibchen bevorzugt; es gibt seine Position wahrscheinlich durch erhöhte Abgabe von Sexualpheromon kund.

Was die Ratte anbelangt, so wird um so mehr Sekret von der Submandibulardrüse (einer Drüse in der Mundhöhle) abgeschieden, je höher die Rangstellung eines Individuums ist. Die dominanten Männchen markieren das Territorium mit diesem Sekret. Bei den Spitzhörnchen, den *Tupeias*, verhält es sich ähnlich: Der Sippenduft wird vornehmlich von den dominanten Männchen und Weibchen bestimmt. Wenn ein

Tier das Nest verläßt, imprägniert es sein Fell vorher mit diesem Sippenduft, nur so wird es bei der Rückkehr als Familienmitglied erkannt und wieder in die Gemeinschaft aufgenommen.

Dieses Prinzip der Hierarchie ist bei allen höheren Organismen im Tierreich verbreitet, soweit es sich um gruppenbildende Arten handelt. Dominantes Verhalten wurde bei Spinnen, Krebsen, staatenbildenden Insekten, Fischen, gruppenbildenden Fröschen beobachtet. Weit verbreitet ist es aber auch bei den Vögeln und selbstverständlich auch bei den Säugetieren.

Grundsätzlich ist für jedes geregelte Dominanzverhalten zu fordern, daß sich die Partner als Gegner *erkennen,* daß sie ihre eigene Stärke *kundtun,* daß sie das Risiko eines Zweikampfes *abschätzen* können und somit unnütze Verletzungen vermeiden; wichtig ist ferner, daß sie sich später bei Wiederbegegnung *erinnern,* welche Rangstellung der Gegner eingenommen hatte. Dominanz hat also als Grundlage ein komplexes *Kommunikationssystem.*

Besonders aufschlußreich ist das Dominanzverhalten der Feldwespe *(Polistes gallicus),* das von L. PARDI mustergültig untersucht wurde: Im Frühjahr finden sich einige begattete Weibchen, die überwintert haben, zu einer neuen Nestgründung zusammen. Unter ihnen wird eines zum dominanten Weibchen, das die Eier legt, gekürt; die übrigen erfüllen die Funktion von sterilen Arbeiterinnen. Die Partnerinnen legen zunächst zwar auch noch Eier ab, aber sie werden immer von der »Königin« aufgefressen. Die Königin bettelt auch ständig Futter von ihren Unterlegenen; sie sichert sich ihre Position als dominantes Weibchen durch ein auffallend aggressives Verhalten, z. B. durch Beißen an Beinen und Fühlern, gelegentlich auch durch Stechversuche. Wenn dann aus den Puppen die jungen Feldwespen schlüpfen, gibt es unter ihnen eine lineare Rangordnung. Auf unterster Stufe stehen die Individuen, die Außendienst tun und Nahrung herbeischaffen; über ihnen sind die Bauarbeiterinnen einzuordnen, die sich dem Nestbau widmen, dann folgen die Brutammen. Die dominanten Individuen erhalten mehr Futter, und je höher die Rangordnung ist, um so weniger arbeiten sie; das bedeutet: sie leben aufgrund ihres geringen Energieverbrauchs um so länger. Ihre Rangstellung müssen sie aber durch wiederholtes Imponiergehabe sichern, was im harmlosesten Fall durch Hochheben der Beine geschieht, während die Untergeordneten die Fühler in Demutsstellung nach unten biegen.

Nimmt man die Königin weg, dann muß sofort durch neues aggressives Verhalten eine der höherrangigen Arbeiterinnen sich den Königinstatus sichern. Sie wird zur Eier legenden Königin, wobei die Entwicklung der Ovarien durch das erhöhte quantitativ und qualitativ unterschiedliche Futterangebot entscheidend ist. Die magere Fütterung der übrigen Weibchen führt zur sogenannten Ernährungskastration. Daneben gibt es aber auch »Arbeitskastration«, die dadurch zustande kommt, daß sie durch erhöhten Arbeitseinsatz, vor allem beim Nahrungserwerb, so viel Energie verbrauchen, daß ebenfalls eine Sterilisierung eintritt.

Bemerkenswert ist, daß diese sehr robuste Art der hierarchischen Ordnung bei der Feldwespe im Zuge der Evolution immer mehr friedlich verlaufenden Rangordnungskämpfen im Insektenstaat zustrebt, bis schließlich bei der Honigbiene und bei Ameisen kein aggressives Verhalten mehr zu beobachten ist – obwohl auch hier eine deutliche Rangordnung zwischen Königinnen und Arbeiterinnen besteht. Ein Zwischenglied stellt *Vespula*, unsere gemeine Wespe, dar. Hier erfolgt die Aufstellung einer Rangordnung im Zuge des Futteraustausches. Das meiste Futter erhält wiederum die Königin; nur sie kann befruchtete Eier legen. Die höherrangigen Arbeiterinnen legen ebenfalls noch Eier – allerdings nur haploide Männcheneier, da sie nicht begattet sind. Durch die Differenzierung in Königinnen und Arbeiterinnen ist eine strikte Arbeitsteilung im Staat möglich, wobei untergeordnete Arbeiterinnen Außendienst machen, die eierlegenden Arbeiterinnen sich der Brutpflege widmen. Dazwischen sind jene Individuen anzusiedeln, die die Bauarbeiten ausführen; die Königin als Herrscherin widmet sich ausschließlich der Eiablage, wobei sie tagaus tagein den Schutz des Nestes genießt.

Noch einmal sei betont: In den hochorganisierten Insektenstaaten, die ja mehr als eine Million Individuen umfassen können, werden die aufwendigen, risikoreichen Rangordnungskämpfe durch langfristige, genetisch festgelegte chemische Signale, die sogenannten *Pheromone* ersetzt. Die Entwicklung zu einem Bienenstaat ist nur dadurch möglich, daß die Königin ihre Töchter und Schwestern durch ein Pheromon, die schon mehrfach erwähnte Königinsubstanz, außer Konkurrenz setzt, indem sie die Entwicklung ihrer Ovarien verhindert. Wir dürfen F. RÖSELER ohne Bedenken zustimmen, der das Sexualpheromon im Insektenstaat als »Droge« bezeichnet, die als Lockmittel und Beruhigungsmittel ständig im Stock bis in die hintersten Wabengassen kreist und – das ist seine Hauptfunktion – die 60 000 weiblichen Arbeitsbienen als mögliche Rivalinnen sterilisiert.

Um den Selektionsvorteil der Dominanz – im Sinne Darwins – voll zu verstehen, sollten wir *soziale Dominanz* von der *reproduktiven Dominanz* in ihrer Funktion trennen. Soziale Dominanz steigert die Fitness des Individuums – es genießt Vorrechte an der Futterstelle, im Territorium, am Schlafplatz. Reproduktive Dominanz erweist sich durch größeren Erfolg bei der Balz und Kopulation, letztlich also in einer erhöhten Nachkommenzahl. Stets wird soziale Dominanz von einer reproduktiven Dominanz gefolgt sein. Wir können auch durchaus diese Verhältnisse mit unserem Hauptthema in Beziehung setzen: Dominanz, die stets dem Tüchtigsten Vorteile gewährt, wird nur scheinbar durch das egoistische Gen diktiert. Sie kann sich nur durchsetzen, wenn gleichzeitig das uneigennützige Verhalten der Untergeordneten ein harmonisches Zusammenleben garantiert.

Das hierarchische System bietet einen sicheren

Schutzwall gegen Eindringlinge. Versucht ein Fremdling in eine Gruppe einzudringen, dann wird er gemeinsam bekämpft. Gelingt es ihm trotzdem durch wiederholten Versuch, aufgenommen zu werden, dann nur auf unterster Rangstufe. Er hat unter den heftigsten Angriffen zu leiden, ständig ist er Spannungen ausgesetzt, seine Lebenschancen sind äußerst gering.

Bei Streitereien unter niederrangigen Gruppengenossen greift das dominante Männchen oder Weibchen uneigennützig in den Streit ein und kann ihn kurzfristig beenden; dabei ergreift es stets Partei für den Niederrangigen. Damit ist Ruhe und Frieden langfristig in der Gruppe gesichert. Auch bei Hummeln, Wespen und Fischschwärmen garantiert das dominante Tier automatisch dafür, daß bei den Nachgeordneten die Streitereien unterbleiben.

Eines der schwierigsten Probleme der Rangordnung bei Säugetieren ist die neue Einstufung der nachwachsenden Männchen. In der Regel wandern tiefrangige Männchen, wenn sie herangewachsen sind und der Rivalenkampf mit dem dominanten Männchen negativ ausgegangen ist, aus ihrem angestammten Territorium aus und suchen Zugang zu anderen Gruppen; dabei fangen sie in der Regel in niedriger Rangordnung an und steigen mit den Jahren bis zum dominanten Männchen auf. Damit fällt ihnen die wichtige Aufgabe zu, ihre Erbanlagen zwischen verschiedenen Populationen zu verbreiten und zu mischen. Die Grenzen der Territorien werden dabei gleichzeitig erweitert, neue Lebensräume, neue ökologische Nischen werden ausfindig gemacht.

Die Vorteile der Dominanz liegen dabei auf der Hand: Der Tüchtigste kommt an die erste Stelle und hat Vorteile beim Zugang zur Futterstelle, bei der Balz, bei der Sicherung von Nistplätzen. Bei Versuchen wurden Mäusegruppen aus jeweils drei Männchen und drei Weibchen zusammengestellt. Unter den Männchen bildete sich sehr bald eine Rangordnung aus. In achtzehn von zweiundzwanzig Gruppen begattete das dominante Männchen alle drei Weibchen, nur in drei Gruppen erhielt ein untergeordnetes Männchen noch ein Weibchen. Obwohl also jeweils die dominanten Männchen nur ein Drittel der männlichen Population ausmachten, waren sie Väter von 92 Prozent aller Nachkommen.

In neuerer Zeit haben P. J. DE FRIES und MC. CLEARN (1970) die Sittenverhältnisse bei den Yanomama-Indianern von Brasilien untersucht. Dort gibt es prinzipiell Polygamie, wobei die politisch dominanten Männer die meisten Nachkommen zeugen. Sie besitzen die meisten Frauen und sollen angeblich auch durch ihre Intelligenz hervorstechen. Polygamie scheint in diesen Stämmen ein wichtiger Faktor der natürlichen Selektion zu sein.

Polygamie stellt bei vielen anderen Volksstämmen auch heute noch einen rechtmäßigen sozialen Status dar. Bei den Eipos, einem neusteinzeitlichen Pflanzervolk in Indonesisch-Neuguinea, das alle Formen ehelicher Dauerpartnerschaften zeigt, dominiert zwar die

Einehe. Polygamie und Polyandrie sind aber auch üblich. Bei den Bali hat der Landesadelige in der Regel mehrere Frauen, in einem Fall zählte man vier Frauen und achtzehn Kinder. Auch die Buschleute sind gelegentlich polygyn, bei den Himba ist Polygamie die Regel. Polygamie ist aber nicht auf primitive, alte Naturvölker begrenzt; wie bekannt, ist sie auch heute noch bei den Muslims legitim. Da drängt sich die Frage auf, ob dieser Polygamie in Sinne der Evolution ein gewisser Selektionswert zuerkannt werden soll und ob wir die Wurzeln ihrer vielfachen Erscheinungsformen in der menschlichen Gesellschaft bei unseren Vorfahren im Tierreich sehen dürfen.

Polygamie ist auch in der menschlichen Gesellschaft stets mit einer dominanten Rangordnung im Verband verknüpft. Die Zahl der Ehefrauen wird in einigen Kulturgesellschaften als Ausweis für die Tüchtigkeit des Mannes gewertet – zumindest als Beleg für materiellen Wohlstand und Lebenstüchtigkeit. Die Töchter werden da regelrecht gegen Güter als Ehefrauen eingehandelt. Allerdings ist bei der Bewertung der Tüchtigkeit des Mannes ausschließlich aufgrund seines materiellen Wohlstands Vorsicht geboten. Hebt sich nicht der Mensch gerade dadurch aus der Welt der Tiere heraus, daß er in der gegenseitigen Achtung und Beurteilung kulturelle, geistige und ethische Werte über materiellen Reichtum setzt?

Noch eine Schlußbemerkung: Wenn mehrmals betont wurde, der »Tüchtigste« würde stets die dominante Position gewinnen, dann dürfen wir den Begriff

»tüchtig« keineswegs eng nach unseren menschlichen Vorstellungen definieren. Hier einige Faktoren, die eine Dominanz »a priori« bestimmen: Neben der Größe ist oft auch das *Alter* entscheidend – bei Wespen und Schaben spricht man sogar von einer »Geronto-kratie«; chemische Signale können die Entscheidung herbeiführen, wie die erwähnten Pheromone bei der Bienenkönigin. Von höchstem soziobiologischen Interesse sind Befunde aus der jüngsten Zeit, wonach Dominanz sogar vererbt werden kann: Bei der Schabe Nauphorta wurden 85 Prozent der Söhne von dominanten Vätern wiederum dominant; sie hatten auch die besten Aussichten bei der Partnerwahl. Nur 4 Prozent von ihnen wurde von den Weibchen die Kopula verwehrt, aber 35 Prozent der Söhne von niederrangigen Männchen mußten bei der Werbung um ein Weibchen leer ausgehen.

2. Aggressionsstrategien

Zum Abschluß sei auf das Phänomen Aggression näher eingegangen. Seit K. Lorenz hat es auf diesem Gebiet heftige Auseinandersetzungen gegeben: Wodurch wird Aggression ausgelöst? Welche biologische Bedeutung kommt ihr zu? Darf man die Erkenntnisse aus dem Tierreich auch unvermindert auf die menschliche Gesellschaft anwenden? Welche angeborenen Komponenten muß man ihr zuschreiben? Wie weit ist Aggression durch Erziehung und durch vernünftige gegenseitige Abmachungen zähmbar? In welchen Lebenssituationen tritt Aggression auf?

Hier einige Erscheinungsformen:

1. Territoriale Aggression: Der Besitzer eines Territoriums nutzt Signale im Imponiergehaben, um einen Eindringling zu vertreiben. Notfalls wird mit eigener Körperkraft der Eindringling verjagt. Gleichgültig, ob der ehemalige Eigentümer oder der Eindringling Sieger bei dieser Auseinandersetzung bleibt, immer zeigt der Verlierer »Unterlegenheitsgebärden«, womit der Kampf beendet ist und weitere körperliche Schädigung vermieden wird. Besonders raffinierte oder, besser gesagt, elegante Unterwürfigkeitsgebärden zeigen Weibchen, die in ein Territorium eines Männchens eindringen, um sich anschließend der Balz zu unterwerfen.

2. Aggression durch Dominanzverhalten: Wie schon erwähnt, gibt es für die Festsetzung der Rangordnung spezifische Rangordnungskämpfe, die ebenfalls in der Regel durch Imponiergehaben entschieden werden.

3. Sexuelle Aggression: Männchen drohen einem Weibchen oder greifen es sogar an, um es für die Balz und die Kopulation gefügig zu machen und es zu einer dauerhaften sexuellen Allianz zu zwingen. *Hamadryas baboons* rekrutieren auf solche Weise junge Weibchen, um sich einen Harem zuzulegen. Während ihres ganzen Lebens werden diese durch ständige Drohgebärden der Männchen zur »Ordnung« gerufen und davor gewarnt herumzustreunen.

4. Disziplinäre Aggression von seiten der Eltern: Bei vielen Säugetieren zeigen die Elterntiere milde Formen einer Aggression, um ihre Kinder nahe bei sich zu haben, sie zum Mitgehen zu zwingen, Streitereien untereinander zu beenden.

5. Aggression zur Entwöhnung der Jungen: Man nimmt an, daß die gewaltsame Entwöhnung durch Aggression dazu dienen soll, der nahenden Geschlechtsreife des Kindes entgegenzukommen, während ja die der Mutter allmählich schwindet (siehe S. 67).

6. Aggression beim Beuteerwerb: Sie kann bei vielen Tiergruppen bis zum Kannibalismus führen.

7. Moralische Aggression: Sie fordert den Partner zu reziprokem Altruismus auf. Sie gilt wohl in erster Linie für die menschliche Gesellschaft, wo in vielen religiösen Formen und ideologischen Sanktionen einheitliches Verhalten nach einem Gruppenstandard in einer Gemeinschaft gefordert wird. Auch Strafcodes für Übertretungen sind dabei nicht ausgeschlossen.

Den Selektionswert der Aggression hat N. TINBERGEN hervorgehoben. Wo sind die Grenzen der Aggression? Wo dient sie dem Eigennutz, wo der allgemeinen Fitness der Gruppenselektion?

Allgemein läßt sich sagen, daß Aggression notwendig ist, wenn es darum geht, begrenzte Nahrungsquellen, knappe Nistplätze, die kleine zur Verfügung stehende Zahl von Weibchen unter Rivalen aufzuteilen. Das bedeutet, daß Aggression um so heftiger sein wird, je dichter besiedelt ein Territorium ist.

Die detaillierte Beschreibung der verschiedenen Strategien der Aggression unter Tieren würde einen zu breiten Raum einnehmen. Die Ameisen sollen wieder als Paradebeispiel dienen.

3. Verteidigungsstrategien

Besonders effektiv ist die Verteidigung eines Territoriums, das sich eine Ameisenkolonie erobert hat, weil sie mit einer eigenen Kaste, den Soldaten, ausgerüstet ist, in großer Masse angreifen kann und nicht alle anderen Tätigkeiten unterbrechen muß, wie es bei einem solitär lebenden Insekt der Fall wäre. Da überdies ausschließlich die sterilen Arbeiterinnen diese Tätigkeit ausüben, kann die Gemeinschaft das Risiko tragen, daß diese das Territorium bis zum Tod verteidigen – das Leben der Kolonie wird weitergehen.

B. HÖLLDOBLER hat eine Studie vorgelegt, in der drei Fälle völlig unterschiedlicher Verteidigungsstrategien bei Ameisenkolonien – der Weberameise, der Ernteameise und der Honigameise – in eindrucksvoller Weise geschildert werden.

a) Niemandsland der Weberameise

Die Weberameise *(Oecophylla)* legt ihr Revier auf Bäumen an; dort baut sie zeltartige Blattnester, wobei sie die Blätter mit Hilfe der Spinndrüsen der Larven zusammenwebt. Ein einzigartiger Werkzeuggebrauch im Tierreich – die Jugendformen der eigenen Schwestern werden als Weberschiffchen verwendet.

Das Revier ist dreidimensional angelegt und kann riesige Ausmaße annehmen: Man hat zweihundert Blattnester in einer einzigen Kolonie gezählt; sie waren auf siebzehn großen Bäumen etabliert, das ganze Territorium erstreckte sich auf 1600 Quadratmeter. Die Volksstärke einer Kolonie wird auf 500000 Arbeiterinnen geschätzt. Wie soll man solchen Revierbesitz wirksam gegen andere Kolonien in der Nachbarschaft verteidigen?

Die entscheidende strategische Maßnahme: das Territorium einer Nachbarkolonie wird durch ein *Niemandsland* abgegrenzt. Das ist insofern überraschend, weil die Weberameise bestrebt ist, ihr Nestareal ständig zu erweitern. Für das friedliche Nebeneinander sorgen Wächter, die entlang der Landesgrenze patrouillieren und diese mit Dufttröpfchen aus der Rektalblase markieren. Das sind koloniespezifische Zaunpfosten, die den Nachbar in respektvollem Abstand halten. Der Grenze entlang werden eigene »Wächternester« angelegt, in denen keine Brut zu finden ist, sondern lediglich die kräftigen Wachameisen sich in Bereitschaft halten für den Fall, daß doch eine Invasion eines starken Nachbarvolkes droht. Dann wird Alarm gegeben: Die Wächter laufen erregt die Baumstämme hinauf zu den anderen Nestern, geben Alarm, indem sie aus der Sternaldrüse auf der Bauchseite Tröpfchen auf dem Untergrund hinterlassen und mit geöffneten Oberkiefern aus den Mandibeldrüsen ein Alarmphe-

romon freigeben. Bei Begegnung mit einem Nestgenossen wird dieser durch heftige Zuckbewegungen in
höchste Erregung versetzt. Innerhalb weniger Minuten sind mehrere hundert Ameisen in der Kampfzone
versammelt, wo durch heftige Beißerei die Auseinandersetzung einer Entscheidung zugeführt wird. Entscheidend für den Ausgang ist, wieviel Hilfstruppen in
kürzester Zeit rekrutiert werden konnten, wie gut also
das Alarmsystem funktioniert. Spezielle Alarmphero-
mone, kombiniert mit unmittelbarem Kontaktalarm
durch Körperzucken und vermutlich auch durch Füh-
lerbetrillern, sind die Grundlage dafür.

b) Ameisenstraßen der Ernteameise

Völlig anders ist die Verteidigungsstrategie der Ernteameise *(Pogonomyrmex)*. Diese Ameise trägt nicht wie
die Weberameise allerlei Beutetiere ein, die verstreut
auf den Bäumen zu finden sind, sondern hat feste
Sammelplätze, wo der Wind Pflanzensamen aller Art
anhäuft, z.B. in flachen Bodenmulden. Zu diesen
Sammelplätzen werden Straßen angelegt – »Ameisenstraßen« –, die von den ersten Kundschaftern mit einem »Rekrutierungspheromon« aus der Giftdrüse
markiert werden. Auf diese Weise finden Hilfstruppen
das Futterziel. Der gemeinsame Pfad wird mit einem
»Langzeitpheromon« belegt, das koloniespezifisch ist
und aus der Dufour-Drüse, einer Anhangsdrüse des
Stachelapparates, stammt.
Die Verteidigung des Reviers kann sich also auf

diese Straßen beschränken. Normalerweise werden diese strategisch neuralgischen Stellen von den Nachbarvölkern gemieden. Wenn ein Fremdling oder gar ein Überfalltrupp doch eine dieser Straßen kreuzt, gibt es einen Kampf auf Leben und Tod. Auf keinen Fall wird geduldet, daß sich Straßen zweier Kolonien auf Dauer kreuzen. Wenn sich aber doch die Straßen zweier Nachbarkolonien zu nahe kommen, gibt es einen harten Kampf. Meist wird die jüngere Kolonie, die sich ins fremde Revier vorgewagt hat, vertrieben. Ist die Kampfstärke dabei ausgewogen, werden die alten Straßenpläne revidiert, und eine der beiden Straßen wird verlegt. Die Angriffswut ist am stärksten in Nestnähe und nimmt mit zunehmender Entfernung vom Heimatnest ab. Über zwanzig Meter hinaus reicht kaum eine Straße der Ernteameise. Überzogene Landforderungen einer Kolonie sind also schon wegen der mangelnden Kampfbereitschaft der Untertanen im heimatfernen Bereich von vornherein unterbunden. Großmächte, die ihre Grenzen kaum noch überschauen und kontrollieren können, gibt es nicht – und es wird sie niemals bei der Ernteameise geben.

c) Territorien auf Zeit bei der Honigameise

Große Sympathie – aus unserer menschlichen Kriegserfahrung heraus – werden wir für die unblutigen Verteidigungsstrategien der Honigameise *(Myrmecocystus)* finden. Die Honigameisen haben keine stabilen Nahrungsreviere, sondern sind »Gelegenheits-Fura-

giere«. Es gibt einmal da, einmal dort eine Nektarquelle, womit sie ihre Honigtöpfe füllen. Die Honigtöpfe sind eine eigene Kaste der Arbeiterinnen, die sich
ihren Honigkropf so vollstopfen lassen, daß sie unbeweglich werden und sich an der Decke des Nestes
aufhängen – dies ist eine Vorratskammer für magere
Zeiten. Besonders häufig fallen die Honigameisen über
ein Termitennest her und rauben aus den unterirdi-
schen Galerien die Larven und Nymphen. Es gibt also
keine strengen Territorialgrenzen. Dies wiederum hat
zur Folge, daß sich Sammelgruppen von Nachbarkolonien zwar in ihrem Sammelbereich oft überschnei-
den oder gar die gleiche Futterstelle entdecken; dann
gibt es in der Tat feindliche Auseinandersetzungen.
Wertet man ihre Strategie aus, so stellt man fest, daß es
eine riskante, ja sogar existenzbedrohende Angelegenheit für die Art ist: Bei regulärem Zweikampf müßten
die Verluste so empfindlich sein, daß dieser in keinem
Verhältnis zum Gewinn stünde.

Die Lösung ist ebenso genial wie verblüffend: Man
bekämpft sich nicht bis aufs Blut, sondern sucht die
Entscheidung in unblutigen *Schaukämpfen*. Auch
wenn Hunderte von Ameisen aus zwei Kolonien, die
vorher von ihren Kundschaftern durch Alarmphero-
mone rekrutiert worden waren, an einer Futterstelle
aufeinandertreffen, gibt es keine Beißkämpfe, keine
verstümmelten Leichen liegen herum. Was sich da auf
dem »Schlachtfeld« abspielt, sind sportliche Turniere
von Ameise zu Ameise. Für den menschlichen Beob-
achter muß es ein Erlebnis eigener Art sein, diese Tur-

niere zu verfolgen: Hoch auf Stelzenbeinen und mit drohend gehobenem Hinterleib trippeln zwei Gegnerinnen aufeinander zu, imponieren zunächst Kopf an Kopf, dann präsentieren sie die Breitseite und betrillern sich heftig am Abdomen. »Wer ist der Stärkere von uns beiden?« Ist diese Angelegenheit eindeutig, geht der schwächere Gegner aus dem Weg und versucht es mit einer anderen Partnerin. Die kleineren Tiere suchen ihr »Image« aufzubessern, indem sie ihr Abdomen aufpumpen oder gar auf kleine Steinchen steigen, um von der Höhe aus die Entscheidung zu ihren Gunsten zu beeinflussen. Diese Strategie der Schaukämpfe wird vom Verband dadurch unterstützt, daß vom Mutternest aus vorsorglich nur die »Riesen« unter den Nestgenossen als Furagiere ausgeschickt werden.

Während die Turniere noch in vollem Gang sind und der Ausweg noch ungewiß ist, laufen Kundschafter beider Kolonien zu ihrem Nest, um den Nachschub zu alarmieren. Wenn dann die Reserve erschöpft ist, wird zum Rückzug geblasen: Die Futterstelle wird dem Überlegenen überlassen. Unsere Sympathie für solche unblutigen Strategien wird wohl etwas gedämpft, wenn wir von HÖLLDOBLER erfahren, daß nicht selten solche Turniere zu einem Raubzug ausarten: die stärkere Kolonie verfolgt die fliehende Schar, die sich zuallerletzt doch noch in tödliche Beißkämpfe verwickeln läßt; jetzt wird das Nest der unterlegenen Kolonie überfallen und mitsamt den Honigtöpfen ausgeraubt, nachdem die Königin getötet wurde.

Der Biologe darf sich natürlich bei der Beurteilung dieser unterschiedlichen Verteidigungsstrategien nicht von Sympathie oder Abscheu leiten lassen; er stellt nach den Richtlinien der Selektion eine nüchterne Kosten-Nutzen-Rechnung auf. Wie hoch ist der Aufwand für die Verteidigung meines Territoriums, welchen Gewinn bringt sie mir? Kein Zweifel, in allen drei Fällen ist die Bilanz positiv: Das Niemandsland und die Wächterpatrouille bei der Weberameise verhüten andauernde Grenzstreitigkeiten am Rand des ausgedehnten Territoriums. Die Straßenpläne der Ernteameise schrecken von vornherein Fremdlinge ab, den eigenen Straßen zu nahe zu kommen, und konzentrieren die Verteidigung auf diese wenigen neuralgischen Kampfzonen. Die Honigameisen wenden den »Bluff« als Kriegslist an, indem sie in Schaukämpfen durch zahlenmäßige und körperliche Überlegenheit einen Vernichtungskampf vermeiden und in unblutigen Turnieren entscheiden, wer der Stärkere und damit der Tüchtigere in einem vorgegebenen Lebensraum ist.

Unblutige Aggression mit der chemischen Keule als Waffe begegnet uns durch das gesamte Tierreich. In letzter Zeit ist diese chemische Abschreckung auch bei Mäusen entdeckt worden: Männchen markieren ihr Revier mit Urinmarken und bewirken dadurch, daß Weibchen eines anderen genetischen Stammes keine Nachkommen zeugen können. Hinzu kommt der bekannte BRUCE-Effekt: in dicht besiedelten Territorien bewirken die Duftmarken der dominanten Männchen, daß bei den niederrangigen Weibchen die Nebennieren sich stärker entwickeln und dadurch Corticosteroide in unbiologischem Ausmaß produziert werden – was dann in dem Rückgang der Fruchtbarkeit der Weibchen seine Wirkung zeigt.

4. Äußere und innere Faktoren der Aggression

Aggression ist nicht ein Automatismus wie ein Herzschlag; sie ist eine Antwort des Organismus auf äußere und innere Faktoren; das hormonale System, das Nervensystem sind daran beteiligt. Vor allem die Einwirkung des sozialen Stresses muß hier betont werden. Wir können sowohl angeborene Komponenten der Aggression als auch erlernte Situationen unterscheiden, die aufgrund eigener Erfahrung zustande kommen.

a) Äußere Faktoren

Begegnung außerhalb der Gruppe: Der stärkste Auslöser für Aggressivität ist die Sicht eines Fremdlings, der in das eigene Territorium eindringen will. Männliche Löwen, die normalerweise lethargisch herumliegen, rennen wie wild herum, sobald ein fremdes Männchen in Sicht ist. Eine Ameisenkolonie kann nichts so sehr in Aufregung versetzen, wie wenn ein paar fremde Arbeiterinnen in das eigene Revier eindringen. Bei Rhesusaffen kann weder Futtermangel noch Massenansammlung eigener Revierinhaber eine derart lebhafte Aggression auslösen wie das Eindringen eines Fremdlings. Da diese Aggressivität in der Regel nicht für einen Revierbesitzer allein gilt, sondern für die gesamte Population eines Territoriums, muß ihm auch eine altruistische Komponente zuerkannt werden.

Futter: Aggressivität um das Futter wurde bereits im Rahmen der Rangordnung besprochen. Normalerweise verläuft der Zugang zum Futter friedlich, nur wenn die Rangordnung streitig gemacht wird, kommt es zu einer Auseinandersetzung.

Übervölkerung: Je dichter ein Territorium besiedelt wird, um so öfter begegnen die Artgenossen einander. Damit steigt auch die Aggressivität bei vielen Säugetierpopulationen. Bei den Spitzhörnchen wurde diese soziale Interaktion von D. v. HOLST als Aggressionsfaktor genau untersucht.

Jahreszeitlich bedingte Aggression: Es ist bekannt, daß bei vielen Tieren die Aggression während der Brutzeit am höchsten ist. In diesem Fall endet die Aggression keineswegs immer so friedlich, wie das von K. LORENZ beschrieben wurde, sondern hat oft einen blutigen und tödlichen Ausgang für einen der Partner. Dies wurde z. B. beim Tiger beobachtet.

Das weibliche Rentier ist das ganze Jahr über sehr passiv und friedlich, aber unmittelbar vor und nach der Geburt der Jungen wird es aggressiv gegen andere Glieder der Herde. Bei den Makaki-Affen, die schon an und für sich als sehr aggressiv gelten, erreicht die Aggressivität zur Fortpflanzungszeit den Gipfel, die

Weibchen mit eingeschlossen. Verwundungen und Tötung kommen sehr oft vor.

b) Innere Faktoren

Aggressivität durch Lernen und Erfahrung: Auch persönliche Erfahrung und Lernprozesse können Aggressivität steigern, etwa wenn man Strafreize bietet oder wenn ein Männchen der Hausmaus immer wieder einem fremden Eindringling gegenübergestellt wird, wobei allerdings vorher sexuelle Erfahrung Voraussetzung ist.

Hormone und Aggression: Aggressivität hängt von dem inneren physiologischen Zustand eines Individuums ab, wobei Hormone eine besondere Rolle spielen. Man kann drei Stadien der Aggressivität, die durch Hormone bedingt sind, unterscheiden:
- Bereitschaft zur Aggressivität – ausgelöst durch Androgene und Östrogene
- Fähigkeit zu einer raschen Antwort auf Streß – ausgelöst durch Nebennierenhormone
- Fähigkeit, die Aggressivität in Schranken zu halten – ebenfalls durch Nebennierenhormone.

Schon 1849 hatte A. BERTHOLD Hähne kastriert und dadurch die Kampflust völlig einstellen können. Wenn aber Hoden von anderen Hähnen implantiert wurden, war der alte Zustand wiederhergestellt. Jüngere Untersuchungen haben gezeigt, daß das Injizieren von Testosteron die gleiche Wirkung hat. Das gilt aber nicht nur für Hähne, sondern auch für Fische, Eidechsen,

Tauben, viele andere Vögel, Hirsche, Mäuse, Ratten, Schimpansen. Noch vor der Geschlechtsreife kann man bei männlichen Tieren dieser Arten durch Injektion von Testosteron aggressives männliches Verhalten auslösen. Sogar das Verhalten der Weibchen wird durch eine solche Injektion aggressiv, wie das sonst nur den Männchen zukommt. Hennen, denen man eine Dosis von Testosteron injiziert, werden nicht nur aggressiv, sie steigen in der Rangordnung ihrer Gruppe. Gänseriche, denen man Androgen injiziert hatte, wurden nicht nur stärker aggressiv, sie vergrößerten ihr Territorium um das Doppelte und kopulierten dann mit zwei Hennen anstatt mit einer.

Auch bei anderen Wirbeltieren stellte man fest, daß durch das Injizieren von Androgenen die Aggressivität erhöht und gleichzeitig das Territorium erweitert wird. Außerdem wird die Brutsaison eingeleitet und die Rangordnung innerhalb der Männchen zugunsten dieser Tiere umgestellt.

Bei den Menschenaffen sind die Zusammenhänge etwas komplizierter. Hier spielt die subjektive Erfahrung mit anderen Partnern eine große Rolle.

Wirkung von Östrogen: Östrogen bewirkt in der Regel, daß die Weibchen friedlicher werden. Eine Ausnahme bildet die Brutsaison, da sind auch Weibchen sehr aggressiv, um ihre Brut zu verteidigen. Injiziert man Männchen Östrogen, dann werden sie weniger aggressiv; überraschenderweise ist es beim Goldhamster gerade umgekehrt. Auch bei weiblichen Schimpansen verstärkt sich die Aggressivität nach dem

Injizieren von Östrogen. Solange genauere Untersuchungen fehlen, muß man also annehmen, daß Östrogen bei Säugetieren unter bestimmten Bedingungen unterschiedlich wirkt.

Aggression in der menschlichen Gesellschaft: Man mag sich fragen, ob Aggression beim Menschen einen adaptiven Wert im biologischen Sinn hat. Es wäre falsch vom biologischen Standpunkt aus, ihr volle Neutralität oder sogar eine negative Wirkung auf die individuelle Fitness zuzuschreiben. In bestimmten Situationen, die Streß bedeuten, etwa bei Futterknappheit oder bei Überbevölkerung, hat Aggressivität einen gewissen Einfluß darauf, daß das nötige Gleichgewicht wiederhergestellt wird. Dabei ist es unwesentlich, ob Aggressivität beim Menschen angeboren oder voll erworben ist. Menschliche Aggressivität darf nicht restlos verdammt werden, weil es im Laufe der Geschichte grauenerregende Erfahrungen gegeben hat – nicht nur hinsichtlich Kannibalismus oder gewisser Bräuche, die den Skalp oder den Kopf des Gegners verlangen; immer wieder hat Aggression zu Feindschaften unter den Völkern geführt, die dann schreckliche Kriege ausgelöst haben.

Tragische Folgen kann die Aggressivität dann haben, wenn die Überbevölkerung in einem Lebensraum so überhandnimmt, daß das Existenzminimum für die Individuen nicht mehr gesichert ist.

Wenn wir Wert darauf legen, die Aggressivität in der menschlichen Gesellschaft zu mindern, dann ist es eine vordringliche Aufgabe, die Populationsdichte und die sozialen Systeme so zu regeln, daß jedem Individuum das Recht auf eine erträgliche Lebensexistenz gesichert bleibt. Ferner sollte Erziehung zur Selbstverantwortung, die den Eigennutz dem Gesamtwohl der Gemeinschaft sowie den Aggressionstrieb einem ethisch-juristischen Grundsatz des Lebens unterordnet, zum allgemeinen Prinzip werden.

Kultur und Moral als Grundlage
für echtes uneigennütziges
Handeln beim Menschen

Wir beenden unseren Rundgang durch das Tierreich, wo wir – bei aller Zurückhaltung und Skepsis – allerlei Spuren uneigennützigen Handelns gefunden haben, und wagen den Sprung zum echten Uneigennutz beim Menschen. Da wir hierbei an die Grenzen naturwissenschaftlicher Erkenntnis und Aussagekraft stoßen, wird vieles durch persönliche Überzeugung gezeichnet sein und damit von mancher Seite Widerspruch hervorrufen. Als Grundlage für echten Altruismus dürfen wir Kultur und Moral – ein Privileg des Menschen – benennen.

Hat aber unser moralisches Handeln vielleicht seine Wurzeln in allgemeinen, natürlichen Trieben und Neigungen? Anders gefragt: Ist jede rein triebhafte Handlung amoralisch? Muß für Altruismus prinzipiell der bewußte Kampf gegen die Natur in uns gefordert werden? Da stehen sich prinzipiell zwei Gruppen – Moralphilosophen und Soziobiologen – gegenüber.

»Die empirisch erforschbare Welt der Natur ist ohne direkte Verbindung zur Welt der Sittlichkeit« (I. KANT).

»Man darf nicht die naturalistische Welt des *Soll* aus der faktischen Welt des *Ich* ableiten« (F. HOMES).

E. O. Wilson und C. J. Lumsden stellen aber diesen Thesen entgegen, daß auch moralisches Verhalten und moralische Normen der Selektion unterworfen sind; G. Patzig fordert sogar, daß moralische Regeln auf die menschliche Natur Rücksicht nehmen müßten. Im gleichen Sinne äußert sich W. Wickler: »Gott hat die Natur geschaffen und gut geschaffen – so sagt der Theologe; im Bereich der vernunftlosen Geschöpfe ist »natürlich« und »gut« gleichzusetzen. Dann müßte der vernunftbegabte Mensch *böse* handeln, wenn er wider die menschliche Natur handelt.«

Aus diesen Überlegungen haben viele Biologen, z. B. I. Eibl-Eibesfeldt und K. Lorenz, die Behauptung aufgestellt, alles, was natürlich ist, sei gut. Das moralische Verhalten des Menschen sei eine Folge natürlicher Selektion. Natürliches Verhalten erhält somit einen *moralischen Bonus*. Dem setzt J. S. Huxley eine Antithese gegenüber: »Man kann die durch die Selektion erwirkte Fitness, d. h. Angepaßtheit an die jeweiligen Lebenserfordernisse, nicht mit *gut* gleichsetzen. Abweichendes Verhalten, das nicht den biologischen Normen entspricht, muß nicht gleich böse sein.«

Zu Recht haben die Thesen von Lorenz heftigen Widerspruch, insbesondere bei Soziologen, geweckt. Würden wir ihnen vorbehaltlos zustimmen, kämen wir in Gefahr, aus der Naturbeschreibung direkt sittliche Maximen ableiten zu müssen; damit führten Ideologien schnell ins Abseits. Der normative Biologismus würde zur Gefahr unseres politischen Lebens. Der

Mensch hat die Freiheit zu entscheiden; er muß daher in eigener *Verantwortung* entscheiden.

Ist-Zustand und moralisches Soll stehen sich nicht gegensätzlich gegenüber: Die Moralität verdankt ihre Entwicklung der ständigen Rückkoppelung von biologischer Evolution und Kulturentwicklung. Aus dieser Überlegung sind auch Altruismus und Egoismus nicht unbedingt kontrovers zu sehen; Altruismus kann aus Egoismus hervorgehen und in vielen Fällen zum genannten reziproken Altruismus führen. Ein gewisser Teilegoismus steckt ja in der »goldenen Regel«: »Handle dem anderen gegenüber so, wie du selbst behandelt werden willst!« Der Soziobiologe B. K. ALEXANDER (1983) ist der Überzeugung, daß menschliches Verhalten wahrscheinlich immer egoistische Tendenzen und moralische Ambivalenzen enthält. Der Anthropologe CH. VOGEL (Göttingen) formuliert dies so: »Moral ist ein komplexes, ideelles Konstrukt, dessen Inhalte sich aus unterschiedlichen Schichten unseres Wesens speisen.«

Als Quellen für Moral und Uneigennutz gibt er an:
- ein biogenetisches Potential, das genetisch ererbte Antriebe und Motivationen zur Grundlage hat
- ein tradigenetisches Potential, dem gesellschaftliche Verhaltensregeln zugerechnet werden, die durch Tradition weitergegeben werden und sich in langer Geschichte bewährt haben
- ein rationales Potential, dem bewährte Regeln mit einem realen Zweck zugeordnet werden müssen.

Moral ist demnach ein System zur Bewertung von

Handlungen, Absichten und Motiven. Sie ist spezifisch menschlich und universal menschlich. Nur Menschen besitzen Moral oder Unmoral. Es muß stets eine Wahlmöglichkeit, d.h. die Freiheit der Entscheidung, gegeben sein. Sie setzt außerdem voraus, daß der Mensch sich mit anderen Menschen identifizieren kann, daß er zur Sympathie, Empathie und zu einem Mitleidempfinden fähig ist. Mitleid wird als ein Fundament der Moral angesehen; es setzt voraus, daß man sich in den Zustand und die Gefühle einer anderen Person hineinzuversetzen vermag. Daraus kann wiederum uneigennütziges Handeln entspringen.

Moralische Instanzen sind weiterhin Scham, Schuldgefühl, Gewissen; sie können durch Normen, Regeln, Gebote, Verbote und Gesetze unterstützt werden. Es werden damit Werte und Maßstäbe von Gut und Böse generalisiert; es wird festgelegt, was richtig oder falsch ist. Um soziale Normen durchzusetzen, sind Sanktionen, also Strafen, nötig. Insgesamt darf man feststellen: Moral und Kultur befreien vom biologischen Imperativ.

Aus solchen Überlegungen und Forderungen geht klar hervor, daß echtes altruistisches, uneigennütziges Handeln nur dem Menschen zugeschrieben werden kann. Voraussetzungen für ein solches altruistisches Handeln sind:
- freie Entscheidung aufgrund von Willensfreiheit
- absichtliches Handeln
- Vorauserkennen der Folgen des Handelns

- Ich-Bewußtsein; Erkennen der persönlichen Identität im Sozialverband
- Verantwortlichkeit
- Empathie und Sympathie, d. h. Einfühlungsvermögen und Mitleid
- Wertsysteme, Normen, Sanktionen müssen als universal menschliche und kulturspezifische Elemente gegeben sein
- Fähigkeit zu Schuldgefühlen, zu Gewissen, Scham als Selbstregulativ
- Ideale, die auf die Partner wirken; der Nachbar soll eventuell moralischer werden, als man selbst gehandelt hat. Es wird damit ein moralisches Vorbild geschaffen.

Wenn wir für uneigennütziges Handeln Bewußtsein, Absicht, Verantwortlichkeit, Einfühlungsvermögen, d. h. Mitgefühle mit dem Sozialpartner und die Fähigkeit, die Folgen des Handelns im voraus zu berechnen, als Voraussetzung gefordert haben, dann steht und fällt unsere Suche nach uneigennützigem Handeln beim Menschen mit der Frage: Dürfen wir dem Menschen Handlungsfreiheit und Willensfreiheit zuerkennen? Wenn ich diese Frage aus persönlicher Überzeugung und Erfahrung entschieden bejahe, soll das nicht heißen, daß der Mensch über sein Handeln uneingeschränkt frei entscheiden kann, denn Willensfreiheit steht zu einem beträchtlichen Teil unter dem Zwang äußerer und innerer Gegebenheiten – genetische Anlage, Begabung, Stimmung, das Verhältnis zum Sozialpartner bieten eine Grundlage für unser Handeln.

Aber letztlich entscheidet der Mensch von innen heraus, was zu tun ist; er setzt dabei Wertkriterien und Ziele, weil er nicht nur nach dem *Woher*, dem *Wodurch* und dem *Wozu*, sondern auch nach dem *Warum* fragt.

Um dem Leser den Weg zu einem persönlichen Urteil und damit zum echten Altruismus zu erleichtern, müssen wir uns auch mit der Gegenposition vertraut machen, die die Existenz eines freien Willens bei allen Lebewesen, den Menschen mit eingeschlossen, ablehnt. Es sind die Deterministen, die alles Geschehen auf dieser Welt auf eine bestimmte Ursache zurückführen und damit auch die vermeintliche freie Willensentscheidung in die Zwangsjacke äußerer und innerer Bedingungen stecken. Extrem drückt A. SCHOPENHAUER dies aus: »Der Mensch kann nicht wollen, was er will.« THEODOR ZIEHEN schreibt 1896: »Unser Denken ist nie willkürlich, es ist wie alles Geschehen kausal bedingt.« F. VOLTAIRE äußert sich wie folgt: »Il n'y a rien sans cause«. MAX PLANCK (1933) nahm zwar auch für alle Denkvorgänge einen strengen Kausalzusammenhang an, schränkte aber diese Kausalität ein, indem er den Zufall dem Wirkungsgefüge eines Handlungsablaufs zugesellte. Er stellte die Frage: »Wie kann sich die Annahme eines blinden Zufalls mit dem Gefühl der sittlichen Verantwortung zusammenreimen?« Er kommt zu dem Schluß: »Der Wille ist ein Ding an sich, dem eine Freiheit a priori zugesprochen werden kann.«

Die Deterministen versuchen aber, auch den Zufall

in ihre Kausalkette einzubeziehen. Ohne Zweifel ist Zufall in der Natur gegenwärtig; entscheidend ist, daß der Organismus aus Zufall *Ordnung* macht. Zugegeben – Zufälle mögen eine nützliche Rolle bei schöpferischen Einfällen und bei freien Entscheidungen spielen, für die *Richtigkeit* eines Einfalls ist der Zufall inkompetent. Der Zufall begegnet uns nicht nur im organischen Leben und im Menschengehirn, sondern überall in der Welt. Für sich allein bewirkt er nur Chaos. Wird etwas Positives daraus, so ist mehr als Zufall im Spiel. Das *verarbeitende System* ist ausschlaggebend dafür, ob aus dem Zufall etwas Positives wird. Dies gelingt uns eben dadurch, daß wir zu langfristiger und umfassender Planung imstande sind.

Der Hirnforscher H. H. KORNHUBER in Ulm hat dazu ein interessantes Experiment gemacht: Er hat einen Probanden gebeten, willkürlich einen seiner Finger abzubiegen; gleichzeitig hat er von den motorischen Zentren im Gehirn die elektrischen Impulse abgeleitet, die anzeigen, wann der zuständige Befehl an die Muskulatur des Daumens oder des kleinen Fingers ausgegeben wird. Kornhuber konnte ein »Bereitschaftspotential« ableiten, und zwar einige Millisekunden, bevor der Befehl ausgeführt wurde. Das bedeutet, daß in den zuständigen Hirnzentren der Entwurf für die komplizierte Handlung voll und in allen Einzelheiten als »Absicht«, als Planung vorliegt.

Die Frage, ob der Mensch wollen kann, was er will, und deshalb nach freiem Willen handeln kann, hat auch strafrechtliche Konsequenzen. Der Rechtsphilosoph H. HOFMANN äußert sich hierzu wie folgt:

»Zum einen muß die herkömmliche Auffassung der *Schuld*, die auf dem Urteil beruht, daß der Täter anders hätte handeln können, als er gehandelt hat, preisgegeben werden. Demzufolge kann zum zweiten die Strafe nicht länger als Vergeltung einer solchen Schuld verstanden werden, sondern muß als bloße Zweckstrafe begriffen werden.

Auch der Vorschlag, dem Täter einfach vorzuwerfen, daß jeder andere in seiner Situation hätte anders handeln können, klingt eher zynisch, und doch liegt hier der Ansatz einer Lösung: Wir werfen einem Menschen nicht nur vor, daß er gegen Vorschriften verstoßen hat, die notwendig sind. Vielmehr gründet unser Vorwurf des weiteren darauf, daß wir den Täter bis zu dem Beweis des Gegenteils zum großen Kreis derjenigen Rechtsgenossen rechnen, von deren allgemeinen Fähigkeit zu normgemäßem Verhalten wir ausgehen. Wir sagen also nicht (oder sollten nicht sagen): Du hättest anders handeln können, als du gehandelt hast – denn darüber läßt sich Sicheres nicht ausmachen. Wir sagen auch nicht nur: Jeder gute Bürger hätte anders gehandelt. Sondern wir sagen: Du *kannst* anders handeln, als du gehandelt hast; du hast dieselben Fähigkeiten, du kannst dich so verhalten wie die anderen, so wie wir.«

Für die wissenschaftliche Behandlung der Willensfreiheit dürfen wir also nicht die Folgerung ziehen, sie müsse in der Unabhängigkeit von den Naturgesetzen bestehen. Entscheidend ist, daß freie Willensentscheidung sich an überkommene Werte und Ordnungen hält, die ein freies Zusammenleben aller Menschen ermöglichen und darüber hinaus ein ökologisches Gleichgewicht zwischen Mensch und Natur garantieren. Damit ist aber die freie Willensentscheidung eingegrenzt: Sie bedeutet nicht Autonomie der Beliebigkeit, auch nicht Hedonismus, d. h. die Erfüllung jeder Lust und die Vermeidung jeder Unlust. Positive Handlungsfreiheit ist nicht Gegensatz zur Natur, sondern eine komplexe Folge der Naturgesetze. Diese Tatsache wird uns deutlich, wenn wir uns Fälle der Unfreiheit vor Augen führen. Sucht, Ausfall bestimmter Hirnfunktionen nach einem Unfall oder durch Krankheit, Psychose machen den Menschen in bestimmten Situationen unfrei. Unsere freie Willensentscheidung ist an objektive Aufgaben, an Wahrheit, Recht und Pflicht gebunden; das haben schon PLATON, KANT und JASPERS richtig erkannt und stehen damit im Widerspruch zu MARX, demzufolge Freiheit nichts anderes als Einsicht in die Notwendigkeit ist. Freie Willensentscheidung aber ist nur dadurch möglich, daß bestimmte primitivere Antriebe – z. B. Hunger, Aggressivität – gehemmt werden, um notfalls selbstlos zu handeln und damit dem Nächsten einen Vorteil zu verschaffen.

Schließlich stellt sich noch die Frage: Kann eine freie Willensentscheidung zum Guten, in unserem Sinne zu uneigennützigem Handeln *erlernt* werden? Aus meiner persönlichen Überzeugung würde ich dies ent-

schieden bejahen. Sind es nicht weise Normen und
Verordnungen, die uns seit Jahrhunderten ein ver-
nünftiges Zusammenleben garantieren? Sind es nicht
die wohlgemeinten Ratschläge und das Beispiel unserer Eltern und unserer Lehrer, die unserer Lebensfüh-
rung von Kindheit an Sinn und Inhalt geben, indem sie
dem Eigennutz zwar in bestimmten Situationen ein
Daseinsrecht geben, dem Uneigennutz aber eine über-
geordnete Stufe in der Werteskala zuteilen? Damit
hebt sich ja der Mensch grundlegend aus dem Tierreich
heraus. Seine soziale Umwelt ist in drei konzentri-
schen Kreisen um das *Ego* organisiert, wie der Zoologe
H. MARKL hervorhebt: Es ist zum ersten der Ver-
wandtschaftskreis, in dem das »egoistische Gen« den
vermeintlichen Uneigennutz diktiert, der aber von den
Soziobiologen als reziproker Altruismus entlarvt wurde; seinen Gesetzmäßigkeiten folgen Tier und Mensch
in gleichem Maße. In der menschlichen Gesellschaft
finden wir aber ein Zusammenleben in einem sogenannten Zugehörigkeitskreis; das sind Interessenver-
bände wie Berufsgruppen, karitative Verbände, Angehörige einer eigenen Kultur, einer Sprachgemein-
schaft, eines Volkes. Entscheidend für das uneigennützige Handeln ist hier nicht mehr die genetische Verwandtschaft, sondern Freundschaft und geistige Zu-
sammengehörigkeit.

Schließlich nennt MARKL noch den »Fremdkreis«;
das sind die anderen, die Außenstehenden. Ihnen sehen wir uns aber trotzdem verbunden, weil wir uns in
ihre Lage hineinversetzen können, weil wir Mitleid

mit ihrer Not fühlen, weil sie als Menschen in weitestem Sinn doch unsere »Nächsten« sind.

Damit sind wir bei einem entscheidenden und zentralen Konzept für uneigennütziges Handeln angelangt: Es ist die Fähigkeit und die Bereitschaft zur Empathie, d. h. zu Mitgefühl für die Bedürfnisse des anderen. Wenn es uns in unserem täglichen Wirkungsbereich gelänge, dieses Mitgefühl mit dem Nächsten zu wecken, wäre der zweite Schritt nicht mehr weit, eben das auszuführen, was die Anteilnahme an der Not und an dem Bedürfnis unseres Sozialpartners fordert. Ich selbst lasse den oft vorgebrachten Vorwurf, Altruismus sei ein Paradoxon, nicht gelten; es besagt: Wie kann ein Mensch das eine Mal hilfreich, dann wieder grausam sein? Wenn wir selbst uns um Empathie bemühen, wird auch die Bereitschaft zum Helfen gesteigert werden. Noch mehr: Nicht selten wird aus Empathie, aus dem Mitgefühl, dem Hineindenken in das Schicksal des anderen, *Sympathie* entstehen. Dann ist man nicht mehr weit davon entfernt, diese Sympathie in echten Uneigennutz zu verwandeln!

Namenregister

Sachregister

175